얼음은 불안하게 녹고

공순해 수필집

얼음은 불안하게 녹고

초판 1쇄 발행 2024년 10월 10일

지은이 공순해
펴낸이 이상규
편　집 이원영 김윤정
펴낸곳 에세이문학출판부

출판등록 2006년 9월 4일 제2006-000121호
주소 03134 서울시 종로구 돈화문로 10길 9, 405호(봉익동, 온녕빌딩)
전화 02-747-3508・3509　팩스 02-3675-4528
이메일 essaypark@hanmail.net

ⓒ 2024 공순해
값 16,000원
ISBN 979-11-90629-39-3 03810

*저자와의 합의하에 인지는 생략합니다.
*잘못된 책은 바꿔드립니다.

얼음은 불안하게 녹고

공순해 수필집

에세이문학 출판부

■ 저자의 말

얼음은 불안하게 녹고
심해어(深海魚) 같은 언어는 뒤척이며
떠올라 밤마다 나를 깨운다
언제까지 흔들어대려나
그저 헛소리인 것을

2024년 가을 벨뷰에서
공순해

■ 차례

저자의 말 ······ 5

1

나를 방생하노라 ······ 10
부족함의 충족함 ······ 14
두더지 일곱 마리 ······ 19
모서리 ······ 23
여기는 화장터 ······ 26
손을 펴서 하늘을 담자 ······ 29
마타리꽃 ······ 32
비 오는 날의 폴카 닷 ······ 35

2

옷이라는 상형문자 ······ 40
반복되는 사과 ······ 44
질문합니다 ······ 49
연둣빛 속살 ······ 54
참깨의 천국 ······ 59
뜨거운 점(點) 하나 ······ 64
보리 패는 미소 ······ 69
싱어게인 ······ 74

3 석모도의 선의 …… 80
   낡은 울타리 …… 85
   수다 한 판 …… 90
   곶감 잉투기 …… 94
   각 잡고 …… 99
   카나리아 …… 104
   공감의 벽과 문 …… 109
   성가신 질문일까 …… 114

4 이럴 줄 알았지 …… 120
   홍시 맛이 나서 …… 125
   여우와 개구리 …… 130
   농담하지 마 …… 135
   스노 글로브 안에서 …… 140
   환(幻)이거나 영(影)이거나 …… 145
   꽃 진 자리 두 개의 무덤 …… 149
   미친 듯 놀아보자 2 …… 154
   지는 것이 꽃만이랴 2 …… 162

5

은방울꽃 ······ 172
슬픔의 원형처럼 ······ 177
본질적으로 일 인분 ······ 182
보송보송하게 해주세요 ······ 187
아버지의 월급봉투 ······ 192
뜨끈한 설렁탕 한 그릇 ······ 197
등이 따듯했어요 ······ 202
타말을 찾아서 ······ 207

6

김밥 수필 ······ 214
수필 탐색 ······ 217
문제적 〈달밤〉 ······ 228
수필의 성역 ······ 239
'나의 문학 세계를 말한다'
공순해의 수필, 그 작품 세계 ······ 247

1

나를 방생하노라
부족함의 충족함
두더지 일곱 마리
모서리
여기는 화장터
손을 펴서 하늘을 담자
마타리꽃
비 오는 날의 폴카 닷

나를 방생하노라

계단을 올라오다 보니 뭔가 못 보던 것이 흘낏 눈에 들어왔다. 목을 빼 밑을 보았다. 죽은 나무들을 타고 나팔꽃 덩굴이 올라오고 있었다. 흰 꽃들이 한 몸이 된 듯 나무를 거의 뒤덮고 있었다. 죽은 생명을 다시 피우는 방법엔 저런 것도 있구나. 죽은 것에 기생해 자기 생명을 피우고 마침내 그 영역을 확장해 가는 꽃들의 의지라니. 그들로 해서 계단 밑이 환하게 새로워지고 있었다. 죽은 것과 산 것이 어우러져 만들어 내는 새로움에 미소가 절로 떠올랐다.

아침을 마치고 일과대로 신문을 읽기 시작했다. 처음 눈에 띈 기사는 사찰의 방생 법회였다. 오늘은 계속 생명에 관해 맞닥뜨리게 되네. 어떤 하루가 되려고? 설핏 기대되면서도 방생이란 낱말 뒤에서 얼굴을 내미는 염려가 개운치는 않았다.

방생의 애초 목적은 죽을 위기에 처한 작은 생명(生)을 놓아주는(放) 일이었다. 자비의 마음가짐이었다. 그러나 세월이 흐르며 인간의 뜻(?)이 조금씩 보태져 요즘은 그 행위로 해서 내세를 위한 공덕을 쌓는 행위라 미화된다. 일종의 인과응보랄지. 심지어 시장의 물고기를 사서 바다로 나가 풀어주기도 한다. 게다가 가는 길에 잘못 돌보아 그냥 죽이기도 한다. 내세 복락을 위해 한 목숨을 일회용으로 사용하는 셈인가. 불교에서 가장 아름다운 어휘가 회향(回向)이라 생각한 적이 있다. 자신이 닦은 공덕, 즉 복을 다른 중생에게 돌리는 일. 이도 자비의 마음가짐이며 불교 정신의 진수라 생각했다. 한데 이젠 복을 돌리기는 커녕 타 목숨을 써서 제 복을 짓겠다고? 이타와 이기가 충돌을 일으켜 관심을 접은 적이 있다.

기독교에서 불교의 방생과 비슷하게 쓰이는 개념을 찾으라면 사면이 되지 않을까. 인자가 많은 하나님께서 인간을 긍휼히 여기어 속전이나 희생물로 죄를 사(赦)하여 면(免)해 주시고, 그 생명을 이어가게 하셨다. 그러나 시간이 흐르며 하나님의 거룩한 통치 행위를 인간이 대행하며 심지어 사면권을 판매해 개혁운동이 일어났다.

사면, 하니 언젠가 읽은 기사가 하나 더 생각난다. 오바마 대통령 시절의 기사다. 미국 최대 명절인 추수감사절을 하루 앞둔 날, 백악관에서 버락 오바마 미국 대통령의 특별 사면 받은 칠면조 '정직(Honest)'과 '에이브(The Abe)'는 편안하게 여생을 보낼까? 정답은 '아니다'다. 농장을 떠나 통구이로 인간의 식탁에 오르는 여타 칠면조보다 몇 달을 더 살 뿐이다. 이유는 급속도로 살을 찌우도록 사육된 탓에 뼈와 장기가 몸을 지탱하지 못할 정도로 손상돼 오래 살지 못한다고.

이건 생명을 긍휼히 여기는 진정한 사면이 아니다. 인간의 한 가지 놀이일지도 모른단 생각이 단박 떠올랐다. 기사는 내 생각을 뒷받침하듯 행사 주관자가 칠면조 식육 판매 촉진에 앞장서는 이익단체 미국 칠면조 연맹이라 했다. 단체의 건물도 백악관에서 몇 블록 떨어지지 않은 곳에 있다고. 그들은 비밀경호국 요원 행세를 하는 가짜 경호 인력을 동원해 농장에서 공항까지 백악관 사면 칠면조를 호위하는 그럴싸한 쇼를 펼치는 데 아낌없이 돈을 쓴단다. 이벤트를 통해 '미국민이 중시하는 명절엔 칠면조'란 인식을 심어주기 위해서란다. 일종의 광고 극대화랄까. 농담 같은 사면이다.

사면 받은 칠면조는 워싱턴 D.C. 인근 버지니아주 리스버그에 위치한 모븐 파크의 칠면조 언덕으로 보내진다고. 이곳은 웨스트모어 데이비스 전 버지니아 주지사 자택 안에 있는 역사적인 칠면조 농장이며, 여기서 사면의 은총을 받은 칠면조는 불과 몇 달을 더 살 뿐이란다.

동물애호단체는 비인도적으로 사육된 칠면조를 사면하는 행사야말로 미국에서 가장 멍청한 전통이라고 비판하고, 미국 칠면조 연맹은 추수한 곡식과 한 해 수확물에 감사를 드리는 추수감사절이라는 원래 의미에 걸맞은 행사라고 맞선다.

  불교에서 행하는 방생이 그나마 진지해서 생명에 대한 진담이라 한다면 칠면조 사면은 그야말로 생활 속의 농담에 불과한 게 아닐지. 방생됐든 사면이 됐든 생명을 인간의 손으로 좌지우지한다는 발상 자체가 불경하다. 타 생명을 방생하기에 앞서 자신의 오염된 영혼부터 자유롭도록 자연을 향해 방생해야 하지 않을지. 이기로 돌멩이처럼 단단해져 가는 자아를 부숴 방생해야 하지 않을지. 순간 일어난 돈오의 찰나다.

  은총을 느끼는 사람에겐 구체적인 환희의 아침이겠으나 그 느낌을 모르는 사람에겐 그저 평범한 아침일 것, 나팔꽃의 영광은 아직 이르지 않았을 터. 죽은 것을 환히 밝혀 묵묵히 지구 한 귀퉁이를 지켜주는 나팔꽃에 감사하는 마음은 희열, 돈오점수(頓悟漸修)의 희락 상태다. 그 꽃은 하필 잎사귀조차 심장 모양을 닮았다. 하여 생명이 되살아나는 아침, 생명이 터져 나오는 아침에 새로운 마음으로 가만히 뇌어 본다. 자연으로, 외계로 고착된 나를 방생하노라. 나를 놓아 보내노라.

부족함의 충족함

　아름다움은 어디서 올까. 창밖에 피어 있는 꽃들과 눈인사를 나누다 불현듯 궁금증이 일었다. 보고 느끼는 걸까, 생각하고 판단하는 걸까. 가꾸지도 않은 꽃들이 철마다 다투듯 피어 거리를 밝힌다. 보는 사람의 마음에도 불을 켜 준다. 그 선한 작용에 감탄하는 사이 방충망으로 거미가 내려왔다. 찰나 마음에 켜진 환한 불이 홀연 꺼지고 만다. 포획을 위해 살아가는 생명. 긴장과 함께 경계심이 인다. 환한 불을 꺼버리는, 아름다움이 깨진 감정이다. 순식간에 일어난 미추의 경계가 놀랍다. 균형과 조화를 이루어 즐거움과 만족을 주는 대상엔 아름답다고 찬사를 보내지만, 그 상태를 깨는 대상에는 경계심을 일으키며 얼굴을 찌푸리게 되는 이 임계점이 바로 아름다움의 출발점이 아닐지.
　예전에 도자기 전공하는 친구 집에 놀러 간 일이 있다.

그의 집은 쓰레기통들과 우산꽂이까지도 도자기였다. 방문객들이 놀라움으로 탄성을 올리자 당황한 친구는 집에 놓인 모든 게 미완성품이라고 멋쩍어하며 얼굴을 붉혔다. 제대로 된 작품은 개인 전시회를 위해 따로 보관해 두었단다. 그러고 보니 놓인 도자기들은 표면이 터진 것도 있고 어느 한쪽이 기울었거나 찌그러진 것도 있었다. 하지만 그렇다고 해서 못나 보이거나 부족해 보이진 않았다. 오히려 그래서 더 운치 있어 보였고 정감조차 느껴져 친구들은 한결같이 그 물건들을 만져보고 어르며 감탄했다.

  세월이 지났으나 인상적이어서 잊히지 않는 이 일은 아름다움이 균형에서만 오는 건 아니란 예화의 하나가 아닐지. 균형이 깨져도 조화를 마음으로 느낄 수 있으면 아름다움이 감지된다는 뜻일 게다. 아름다움이 균형으로만 이루어진다면 하긴 나는 할 말이 없는 사람이다.

  신체 구조는 균형, 즉 대칭으로 이루어진다. 내 경우엔 이 대칭이 거의 다 깨져 있다. 입술의 양쪽 두께도 다르고 보조개도 한쪽에만 진다. 눈의 크기도 다르고 시력도 다르다. 안과의(眼科醫) 소견으론 눈동자 구조조차 대칭이 아니란다. 카이로프랙터의 말론 어깨도 짝짝이란다. 이십 대에 교통사고로 왼쪽 안면이 깨진 적 있기에 뺨도 대칭이 아니다. 신체의 불균형. 내 반골 기질은 아마 이 같은 생체 조건에서 기인한 건지도 모르겠다. DNA상으로도 반골 기질일 수밖에 없는 이유는 더 있지만 아무튼 생체적으로 균형이 깨진 자신을 어려서부터 인식했기에 자아의식이 깊었다.

자신이 부족하다는 의식은 사고(思考)의 힘을 키워줬다. 부족하다는 것과 다르다는 것의 차이를 관찰할 수 있었고 말하기보단 듣는 편을 택했다. 나는 나일 뿐이라는 자의식과 함께 겉보단 본질을 보려 했다. 숲속의 어린 짐승처럼 일찌감치 상처를 싸맨 셈이다. 비교 우위를 점하느라 나라가 흔들릴 정도로 날 새는 줄 모르는 사회에서 이런 태도로 살긴 쉽지 않았다.

뉴욕에 도착한 이후로는 좀 더 자유로울 수 있었다. 우열로 달뜨거나 안타까워하길 피했고 소유 여부로 흔들리지 않으려 했다. 늘 당당한 태도를 보이는 비밀이 있느냐고 묻는 사람도 있었다. 자신을 구속하지 않으려 노력하기에 누리는 자유라고 대답했다면 그는 어떤 반응을 보였을까. 그냥 웃고 말았지만 그건 부족함을 충족시키는 한 방법이었다. 이 경우의 순기능은 남의 다른 점도 인정한다는 것이다.

곰곰 씹어 보면 세계인이 평생에 한 번이라도 알현하고 싶어 하는 그 유명한 여인, 루브르박물관에 걸린 그 그림의 비밀도 바로 이것이 아닐지. 비대칭. 다빈치가 그 유명한 미소를 그릴 때 식별할 수 없을 만큼만 살짝 비대칭으로 그려 넣은 건 아닐까. 친구의 기울어지고 찌그러진, 또는 빙렬(氷裂)이 생긴 도자기에 감탄했듯이 살짝 깨진 조화에서 신비한 아름다움이 오는 게 아닐지 모르겠다. 그날 친구는 말했다. 흙이 불을 만나 서서히 형태를 이루어 가는 게 말할 수 없이 신비하다고. 불 속에서 형태가 무너지는 걸 보기도 하는데 그런 도자기의 숫자가 완성품보다 더 많다고도 했다. 우리의 삶도 이처럼 고통이란 불 속에서 서서히 기울어진 많은 피조물 중의 하나가 아닐까 한다.

순간, 각성처럼 다가드는 생각이 한 방울의 비처럼 선뜻하게 이마를 친다. 새삼 정신을 새롭게 한다. 완벽한 대칭과 균형으로 꽉 찬 아름다움은 보는 이를 압도한 끝에 뭔가 억압받는 느낌이 들게도 하지만 부족한 듯 조화를 이루는 아름다움은 애련해서 마음이 쓰인 나머지 애틋한 심사를 남기게 되는지도 모른다고. 그 마음이 어여쁘다고. 연약하고 사소한 존재의 존재 방법이랄까. 이 또한 삶을 완성하는 또 하나의 과정이며 영성이다. 메마른 땅에 알맞게 내리는 비처럼 위로가 마음을 적신다.

이리 어림잡아 헤아려 보니 부족함의 은덕이 깊다. 부족하게 만들어 주셨기에 누린 만족이고 자유다. 나를 나로 만들어 주신 분께, 부족함으로 내 삶을 축복해 주신 분께 감사드리지 않을 수 없다. 만드신 분의 눈엔 모든 창조물이 아름답다. 지금 내 눈앞에서 줄타기하며 내려오는 거미의 흉한 외양에도 만드신 분의 선한 뜻이 있을 것이다. 그러고 보니 아름다움은 느낌의 단계에서 더 나아가 인식에 닿아야 의미가 확실해지나 보다. 아름다움의 본질은 존재의 본질을 자각하는 것이랄까. 꽃들에게 목례를 보내며 거미의 외양을 혐오하는 마음이 가뭇스러진다. 다시 가슴에 환한 불이 켜졌다.

두더지 일곱 마리

내 안에는 두더지 일곱 마리가 산다. 교만, 인색, 시기, 음욕, 탐욕, 나태, 분노. 이는 다 결핍과 두려움을 부모로 하여 태어난 자식들이다. 사촌쯤으론 불만과 불평이 있다. 이 일가 족속에 꺼들려 하루가 편치 않게 흘러간다. 특히 연말이 되면 더욱 그러하다.

그래서 지난해는 10월쯤 하여 미리 작심했다. 소위, 지금 집이 없는 사람은 이제 집을 짓지 않고, 지금 고독한 사람은 오랫동안 외롭게 살아가고, 지금 잠 못 이루는 사람은 책을 읽고 긴 편지를 쓸 것이라는 철을 맞아, 불안스레 이리저리 헤매지 말자고 결심했다. 이리저리 헤매게 만드는 심적 뿌리가 두더지 일곱 마리에 있으므로 더는 두더지에게 끌려 다니지 말자고 마음을 옹그려 먹었다.

학생 시절, 우리 집에 와 묵으며 NYU에서 일 년 어학연수를 마친 조카가 저녁마다 나가서 두더지 게임을 한다고 시누님이 말씀하신 적이 있다. 땀 뻘뻘 흘리며 시간이 넘게 두더지 머리통을 때려잡아야만 집에 돌아온다고. 그 애는 자칭 한국의 마지막 국보(國寶)였다. 그만큼 모범생이었다. 그런 애가 두더지 머리통을 섬멸해야만 집에 돌아온다니, 문화 충격에 의한 갈등이 얼마나 심했으면 그랬을까. 그게 그 아이의 충격과 갈등을 해결하는 방법이려니 여겼다. 올해 문득 그 애 생각이 난 건 그 애의 처지에 공감이 돼서였다.

한 해를 마무리하려 하면 가장 먼저 드는 감정은 갈등이었다. 후회하지 않을 만큼 잘 지냈나, 돌아보면 어느 것 하나 흡족한 점이 없었다. 나누며 살았나 돌아보면 인색했고, 너그러웠나 하면 옹졸했고, 근면했나 돌아보면 시간을 낭비했다. 하여 두더지 일곱 마리가 계속 머리를 내밀며 자신을 불만 속으로 몰고 갔다. 그래서 작정했다. 올해부턴 연말이면 나도 두더지 게임을 해야겠다. 후회의 감정이 치받치면 두더지 머리통을 깨부수듯 감정을 눌러 평안을 유지하면 되지 않겠나. 평온한 수면이 뒤집히는 건 감정의 기복에서 오는 것. 감정을 통제해 평온한 연말을 보낼 계획을 세웠다. 어느 순간 교만의 두더지가 머리를 들면 꽝 내리쳤고, 나태의 두더지가 머리를 내밀어도 꽝 내리쳤다.

교만은 겸손의 상전이다. 자신이 겸손하다고 생각하고 있으나 어느 순간 보면 교만이 머리를 내밀고 겸손을 비웃고 있었다. 솔직히 까놓고 보면 겸손이란 포장이 결국 교만이었더라는 부끄러움.

인색은 어떠한가. 자신은 너그럽다고 생각하나 그것 또한 자기중심의 판단이어서 결국 관용은 아니었다. 객관화가 되지 않은 관용은 관용이 아니다.

시기도 그렇다. 자신은 경쟁 사회에 어울리지 않는 존재라고 여겨 왔지만 결국 그 일원으로 살다 보니 물들 수밖에 없는 구조에서 피해 갈 수 없는 일이었다. 상대가 경쟁으로 나올 때 나도 모르게 휩쓸려 은원을 주고받게 된다. 용서라는 은혜를 모르는 사람처럼.

음욕은 반드시 성적 충동만을 의미하지 않는다. 생리적인 것, 본능적인 것을 말한다. 본능에 지배받지 않는 생명체가 있을까. 이성적인 정절을 유지할 수 있는 절대불변의 존재가 있을까. 《스크루테이프의 편지》에서 C.S. 루이스는 말한다. 인간은 인간적이라고 말하는 그 인간적인 단어에서 면죄부를 얻으려 한다고.

탐욕에 대해서도 자신이 없다. 소비 사회의 일원으로 살아가며 갖고자 하는 욕망으로부터 자유로울 자가 어디 있겠나. 절제한다고 생각하지만 살다 보면 어느덧 금 밖으로 나간 자신을 발견하게 된다. 물자 소비와 환경오염에 이르면 더더욱 자신 없어진다.

나태 또한 그렇다. 자신은 본인이 근면하다고 생각하지만 어느덧 선을 넘어버린 자신을 수시로 발견할 때의 실망이라니….

하여 분노에 이르러 인내와 거리가 먼 자신을 발견할 뿐이었다.

이래서 이 일곱 마리 두더지의 머리를 모조리 두들겨 조금도 머리를 내밀지 못하도록 내리치며 연말을 보냈다. 수면이 잔잔한 호수처럼 일상의 평온이 유지됐다.

그러나 이렇게 연말을 보내고 나자 부작용이 일었다. 평온이 유지된 대신 글을 한 편도 못 썼다. 줄잡아 두 달 동안 아무 실마리도 떠오르지 않았다. 머릿속에서 충돌이 일어나지 않는데 무슨 실마리가 일어나랴. 올 초 깨달은 결국의 결론은 두더지와 함께 살아야 한다는 것이었다. 동거는 피할 수 없는 생장 조건이라는 깨달음. 일을 저질러 봐야 결과도 있다는 깨달음. 하던 대로 해. 의도하지 말고 이대로 그냥 주욱 살아가. 계획은 자신이 하지만 이루시는 분은 따로 있잖아. 마음에서 울려 나오는 소리에 귀 기울이고, 구름처럼 이는 그림을 좇아가는 자연스러운 삶을 살 수밖에 없겠다.

모서리

  자궁 속에 웅크린 태아처럼 오늘의 불안이 태동을 시작한다. 하루라는 시간이 민들레 홀씨처럼 공중 부양하여 흩어지며 불안이 등뼈처럼 곤두서 일어선다. 억세기만 해서 휘지 못하는 불안은 실금을 내고 파열을 일으킬 줄은 알지만 멈출 줄은 모른다. 기어코 오늘이란 유리판이 다시 분열한다.
  불안은 어디서 오나. 불평, 비교, 시기, 분노, 교만, 인색, 탐욕, 나태, 지배, 소유, 등의 욕구로부터 한 줄기 검은 연기처럼 피어오른다. 이런 욕구로 해서 실금 간 부분마다 소리 없이 모서리가 생긴다. 가랑비에 옷 젖듯 살금살금 실금을 내는 하루. 하여 마침내 일어선 모서리는 모서리끼리 사정없이 서로 옆구리를 찌르며 밀어댄다. 이 사이를 비집고 들어서는 아집에 결국 거침없이 하루가 쩍쩍 갈라져 나동그라지고 만다.

모서리는 모퉁이와 구석으로 나뉜다. 우선 모서리의 바깥쪽은 모퉁이다. 구부러지거나 꺾어져 돌아가는 모퉁이를 지나야 다음 모서리를 만난다. 모서리 안쪽은 구석이다. 잘 드러나지 않는 후미진 구석, 이런 장소가 삶에선 꼭 필요하다. 즉 구석이 있어야 불안한 마음을 내려놓고 숨을 돌릴 수 있는 여유도 생긴다. 곤한 마음, 젖은 마음을 어디에 내려놓을 수 있겠나. 누구나 마음 한 켠에 안뜰의 구석 하나는 품고 산다. 부족하고 허술해 보이는 모퉁이, 모서리, 구석, 가장자리, 언저리, 모두 삶에서 필요한 부분이다.

　구석을 품고 있는 모서리이기에 오늘도 나의 모서리, 누군가의 모서리에 의해 우리는 산다. 상대를 공격하고 나를 찌르는 모서리도 있지만 나를 지켜주고 버티게 하는 모서리도 있다. 서로 모서리에 갇혀 산다. 서로의 모서리를 용서하며 산다. 하루는 유빙(流氷)처럼 모서리와 모서리가 부딪으며 흘러간다. 광야가 삶을 품고 있듯, 다양함을 포함할 때 모서리는 부드러워진다. 다양함이 없을수록 모서리는 날카로워진다.

　선과 선의 끝이 만난 곳이 모, 모서리. 그러기에 모서리의 모든 각이 빈틈없이 척 들어맞으면 유리 한 판의 네모를 이룬다. 모서리가 모퉁이돌을 품고 조화를 이루면 완전한 하나가 된다. 완전한 하나는 우주다. 모서리에 의해 우주로 확장되는 나. 그러나 완전한 하나는 없다. 세상은 나와 타인으로 나뉘기에 완전한 나는 나와 타인이 합하여 이루어지는 것. 그러므로 완전한 나는 우주이며 완전한 나는 없다. 반복하여 불안한 하루가 다시 태어난다.

여기는 화장터

눈을 감자 그림이 떠올랐다. 흙 속에 묻혀 얼굴만 드러난 사람이다. 머리엔 호수를 이고 있다. 슈를 리얼리즘의 퍼포먼스인가. 프리다 칼로의 그림인가. 아니, 화폭에 얼굴만 둥둥 떠 있는 윤두수의 초상화인가. 아니, 아니, 어쩌면 나인지도 모르겠다. 이미 묻혀서 흔적이 지워져 가고 있는 나? 벌써 저만큼 파묻혔다고? 좁아버린 정서에 남은 것은 머리만이라고? 하체를 거쳐 허리, 가슴까지 흙으로 변했고, 남은 것은 목 위뿐이라고? 하긴 흙으로 만든 몸의 복귀이니 이제 거의 다 왔다는 얘기.

상상력이란 무기 하나로 살아오던 중 근래 조짐이 그랬다. 느닷없이 하체가 무너져 지하로 붕괴해 내리듯 몸이 어두워졌다. 어지럼증이야 아이 적부터 늘 달고 사는 것이긴 하나 지반이 함몰되는 느낌은 처음이었다. 며칠은 곧 회복되겠지 기다렸다. 달을 넘겨도 회복될 기미가 안

보이자 앞으론 이를 정상으로 알고 살아야 하나, 암담했다. 기운이 없어 컵 하나 들기도 귀찮은 판에 다른 일은 언감생심이었다. 외출도 포기했다. 친교가 끊어지니 대화도 체념하게 됐다.

"기운도 없어지고, 살 날도 얼마 남지 않고, 무덤이 나를 기다리고 있구나. 조롱하는 무리만이 나를 둘러싸고 있으니, 그들이 어찌 나를 조롱하는지 똑똑히 볼 수 있다.

주님, 주님께서 친히 내 보증이 되어주십시오. 보증되실 분은 오직 주님뿐이십니다. 그들의 마음을 마비시켜서 다시는 제게 우쭐대지 못하게 해주십시오. 사람들이 와서 얼굴에 침 뱉어 저는 근심으로 눈멀고, 팔과 다리도 그림자처럼 야위었습니다.

내 살 날은 이미 다 지나갔다. 계획도 희망도 다 사라졌다. 친구들의 말이 밤이 대낮이 된다고 하지만, 밝아온다고 하지만, 이 어둠 속에서 벗어나지 못한다는 것을 나는 알고 있다. 내 유일한 희망은 죽은 자들의 세계로 가는 것이다. 거기 어둠 속에 잠자리를 펴고 눕는 것뿐이다. 나는 무덤을 내 아버지라고 부르고 내 주검을 파먹는 구더기를 내 어머니, 내 누이들이라고 부르겠다. 내가 희망을 둘 곳이 달리 어디 있는지 아는 사람이 있는가? 정직하다고 자칭하는 자들이 이 모습을 보고 놀라며, 무죄하다고 자칭하는 자들이 나를 보고 불경스럽다고 규탄하는구나. 자칭 신분이 높다는 자들은 더욱더 자기들이 옳다고 우기는구나. 그러나 그런 자들이 모두 와서 내 앞에 선다 해도 나는 그들 가운데서 단 한 사람의 지혜자도 찾지 못할 것이다. 내가 죽은 자들이 있는 곳으로 내려갈 때 희망도 나와 함께 내려가지 못할 것이다."

 인내의 끝판왕, 욥의 보들레르 뺨치는 푸념이 실감 난다. 다윗도 걸핏하면 하나님 붙잡고 욥처럼 하소연했다. 그런 다윗은 불과 칠십에 졸(卒)했다. 장년(?)에 간 다윗도 관계의 갈등에 고민했는데, 왕인 그도 그 결핍을 다 채우지 못했는데, 그 나이를 훌쩍 넘긴 필부임에랴.

 자리를 돌아눕다 다시 눈을 깜박이자 발자국이 보였다. 따라 들어가 보니 거기가 바로 화장터였다. 올 데까지 왔구나. 이쯤에서 생과 사의 리포트를 마치도록 하자.

손을 펴서 하늘을 담자

오늘은 하늘이 머리 풀고 내려와 호수는 눈을 감았다. 흔적도 없이 사라진 수면이 모호한 삶의 한 장면처럼 이벤트를 벌이는 중이다. 어느 작가가 비엔날레에 출품한 설치 미술 같다. 어제는 영롱하게 눈 뜨고 나를 마주 건너다보았었는데. 마치 열네 살, 풋사과 같은 소녀의 당돌함으로 나를 바라봤다. 섞인 게 없는 눈이기에 오히려 평안해 보였다. 새와 같은 날(飛)것들이 수면을 향해 덤벼들어도 다 받아줄 듯해 보였다. 호수는 하늘의 눈동자? 한데 오늘은 눈을 감았으니 같이 놀아볼 길이 없다. 설마 어제 보았던 것들을 환각이라고 하진 않겠지. 요즘은 환각이 좀 많은 세상인가. 여기저기⋯ 어느 순간은 모든 게 내 착각이었는지도 모른다는 포기의 마음이 들기도 한다. 쌓아 놓은 책 모퉁이를 환각이 돌아간다. 아니 어쩌면 마음이 지나간지도⋯. 호수는 왜 호수일까. 호를 파자해 보면 물 수(水)에 오랑캐 호(胡)다. 수는 뜻을 나타내고 호는 음을 나타내는 상형문자. 오랑캐 땅에 고인 물이라는 뜻? 왜 하필 오랑캐 땅일까. 오랑캐의 오늘날 의미는 이방인이다. 이방인은 제 난 곳에 살지 못하고 떠돌며 사는 부류를 일컫는 말. 떠돌며(浮游) 사는 삶이 얼마나 고된지는 내 삶으로도 충분히 짐작되는 일이다. 하니 호수는 어렵고 고달프게 모인 물이 아닐까. 그래서 옛적부터 세상을 멀리하는 사람(江湖散人)이 사는 곳이거나 자연을 벗 삼아 즐거움(江湖之樂)을 누리는 사람들이 거하는 곳으로 묘사돼 왔겠지. 결코 중심인이 못 되는 사람들. 대표적인 사람이 데이비드 소로다. 하긴 굳이 미국인을 쳐들지 않아도 한국인에겐 윤선도가 있다. 그는 귀양 가는 길에 아예 보길도에 주저앉아 세연지(洗然池)를 만들고 강호연파(江湖煙波)를 즐겼다. 그들은 왜 물 고인 웅덩이를 좋아했을까. 새롭게 솟아나는 샘물도 있는데. 매일 새롭게 솟아나는 샘물을 마시며 샘물 곁에 살았어도 좋지 않았을까. 하긴 거처는 웅덩이 곁에 했어도 마시긴 샘물을 마셨겠지. 매일 공급 받는 생명수로 목을 축였겠지. 생명수? 손에 잡히지 않는 실체. 그래서 더욱 안타깝지. 어린 시절에 부석사 무량수전 배흘림기둥이란 말에 홀렸던 한때가 있다. 가보고 싶었지만 가보지 못한 곳. 절 이름이 뜬 돌이라니. 게다 전각 이름이 무량수(無量壽)라니. 혹시 무량수(無量數)를 잘 못 쓴 건 아닐까, 생각한 적도 있다. 아무튼 무량이란 헤아릴 수 없다는 뜻이니 배흘림이란 어휘의 무심함과 어울려 무한한 상상을 자아내던 곳이다. 가보지 못한 곳이니 내겐 실체가 없이 그저 상상 속의 한 곳일 뿐. 생명수 또한 그저 상상의 물질일지도 모르겠다. 그러니 손바닥을 펴서 하늘이나 담아 볼밖에. 손바닥에 고인 바다, 손바닥에 고인 호수. 무의미한 하루가 되겠지만 시작이라도 의미 있게 해야 하지 않겠나.

마타리꽃

혼곤해 눈을 감고 호흡을 고르자 눈앞에 밟히는 영상, 두 사람이 보인다. 둘 중 하나는 나인가, 자의식이 늪처럼 깊은 곳으로 내려가고 있으니 아마 나겠지. 둘의 대화를 들어보려 했으나 어느 순간 대화도 둘의 영상도 지워진다. 길 놓친 사람처럼 잠시 당황하는 사이 다른 영상이 비집고 들어온다. 하늘로 떼 지어 오르려다 거부당한 듯한 흰 꽃의 떼 판. 목이 댕강 잘려 아우성치고 있는 것 같다. 이차돈이 흘린 흰 피의 흔적인가. 언젠가 같이 길을 걷던 사람의 음성이 들린다. 저 꽃 이름을 단두대의 꽃이라고도 한대요. 참 그럴듯한 이름. 단두대의 꽃, 저항의 꽃. 나의 삶은 아직 치열한 현역, 저항의 시간이다. 왜 내게 노인이란 프레임을 씌워 추운 곳으로 내모는가. 나를 깨우는 것은 늘 고통이다. 항상 고통이 앞질러 와 나를 깨운다. 불편, 염려, 두려움…. 인간의 드라마는 상처에 주목

할 필요가 있다. 모든 인간은 상처로부터 출발하므로. 아침에 눈 뜨고 저녁에 잠드는 그 짧은 순간에 느끼는 경이. 신비로운 일인데 거기서 신비를 알지 못했다는 회한이 못처럼 가슴을 찌른다. 어쩌다 일찍 자리에 눕는 날, 아직 밖엔 빛이 머물러 있다. 아침에 일어날 때도 빛은 솟아오르는 중. 하면 지구가 한 바퀴 돌아오는 동안 나는 잠자리에 머물러 있다는 뜻이겠거니. 지구는 끊임없이 회전하며 일상의 빛을 골고루 공평하게 공급받는다. 나는 끊임없이 골고루 불평을 벽에 대고 분사한다. 분사된 불평으로 해서 생긴 사건의 축적으로 시간은 간다. 시간이란 허공으로부터 탈출하자. 얘기가 들이치니까. 이런 경우는 미각의 기억이 더 강렬해. 자물쇠의 쓴 침묵, 쓴맛의 변곡점 37℃. 고통의 변곡점은? 말을 하나하나 발라내는 고통. 막말, 막돌, 징검돌, 누름돌, 왈칵 밀리다, 단풍 피다, 오늘도 존재를 뿌리내리고, 박고 선 앞마당의 단풍나무들이 장하다. 새 떼처럼 떨어지는 낙엽, 낙엽 쏟아지듯 새들이 낙하한다. 낙하하는 행복의 행간. 과거와 현재의 나는 같은 사람인가? 시간이 왜곡되는 현상? 하늘이 자꾸 하얀 똥을 싸네. 하얀 똥에 미끄러진 사람, 차…. 똥 더미에 자빠져 허우적거리는데 그 모습을 전지적 시점의 그분은 귀엽게 내려다보고 계실 듯. 탈출하자. 땅굴을 팠다. 정신없이 기었다. 도착한 곳은 김일성 광장. 거기서 사형 선고를 받았다. 기둥에 묶이고 절체절명의 순간 깨고 보니 꿈이었다. 가을이 시작되고 있었고 아침이었고 날씨는 흐렸다. 라디오에선 하필 솔베이지의 노래가 흘러나오고 있었다. 두서없이 마음이 흘러간다. 왜 인간은 평등하지 않은가 알고자 출가한 후배가 있다. 이제 이유를 알게 됐을까. 지금 나는 더 이상 고통 받으며 인간이 왜 살아야 하는지, 어차피 죽을 건데 왜 태어났는지에 대한 질문을 하지 않게 됐다. 자연이 그렇게 있는(스스로 自, 그럴 然) 것처럼 인간 역시 그렇게 되었기 때문이다. 그 소설에서 소녀가 물었었지. 그런데 이 양산같이 생긴 꽃이 뭐지? 마타리꽃. 소녀는 흰색이 아닌 노란 마타리꽃을 양산 받듯 해 보였다지. 그리고 죽었다. 목이 잘린 듯 보이는 꽃 마타리. 소나기처럼 순간적인 생명. 그러기에 저항하지 않으면 삶을 뭐로 채우겠는가. 쓸쓸함으로? 모든 서사의 끝.

비 오는 날의 폴카 닷

  98.1 King FM에 오늘도 버튼을 누른다. 한때 WQXR 105.9 FM에 몇십 년 신세 지고 산 적도 있다. 뉴욕에서 시애틀까지의 여정이라고나 할까. 그때부터 음악을 선택해 들을 수 있는 시간이 없었기에 그냥 틀어 놓으면 음악이 나오는 라디오에 길들어 지금도 라디오가 익숙하다.
  버튼을 누르자 바이올린의 선율이 물결치듯 쏟아져 나온다. 파도타기처럼 넘쳐오는 바이올린 선율이 가슴을 자근자근 파고든다. 차이콥스키는 역시 귀재다. 슬픔을 어찌 이토록 절실하게 음으로 그려낼까. 아침에 듣기엔 좀 버거울 정도로 방 안을 휩싸고 돈다. 이런 의외성에 라디오를 계속 듣게 되는지도 모르겠다.
  아침 선곡으론 좀 심했다 싶었던지 다음으론 요한 네포무크 훔멜의 트럼펫 협주곡이 시작된다. 비로소 차분한 아침의 정조로 돌아온 듯싶다. 한데 좀 듣다 보니 트럼펫

솔로 안에서 〈엽서 한 장〉의 곡조가 겹친다. '그렇게 기다린 당신의 인사가 〈엽서 한 장〉인가요.' 이거 뭐지? 오스트리아 고전파 작곡가와 한국의 대중가요라니…. 이런 의외의 발견이 있기에 삶이 즐거운 게 아닐지.

 퇴근 무렵이었다. 학급에서 환경미화 심사 준비하고 있던 반장 상미가 나타났다. 게시물 만들 전지에 물감을 떨어뜨렸으니 어쩌면 좋으냐고 죽을상이다. 가보자. 학급에 올라가자 미화부원들이 망친 종이를 둘러싸고 비 맞은 병아리들처럼 웅성거리고 있었다. 떨어뜨린 물감 흔적을 중심으로, 만들어야 할 게시물 내용에 맞게 물감을 더 떨어뜨려 도형을 만들어 주었다. 아이들 표정이 확 살아났다. 우리 선생님 최고! 대박이란 말이 쓰이기 전이었다.
 그때 계단을 내려오며 잭슨 폴락이 떠올랐다. 혹시 그도 처음엔 물감을 잘못 떨어뜨려 그런 그림을 시작하게 된 건 아닐까. 물감을 들이부어 수없는 흔적을 만들어 낸 그는 마침 유행한 큰 건물의 장식품 수요로 해서 성공한 화가가 되었다. 물방울 화가 김창렬의 그림 속에도 그런 우연이 있었을까. 그건 작가만이 아는 일이다. 그때도 생각했다. 생각지 않던 의외의 결과가 삶을 즐겁게 한다고.

 가령 비 오는 날 떨어지는 '빗방울과 튀어 오르는 빗방울 사이, 무엇을 발견할 수 있을까. 빗방울 하나가 유리창에 척 달라붙었습니다/ 순간 유리창에 잔뜩 붙어 있던 적막이 한꺼번에 후두둑 떨어졌습니다.'(〈유리창과 빗방울〉) 오규원식으로 생각해 보면 떨어지는 빗방울과 튀어 오르는 빗방울 사이에서도 적막을 볼 수 있지 않을지. 배경이 돼야 할 적막이 전경이 되고 전경이 돼야 할 소리가 배경이 되는 '적막이 후두둑 떨어진다!' 이건 의외 정도가 아니라 아예 반전이다. 반전도형. 낯설게 보기의 절정이라고나 할까. 이런 재미에 글 쓴다! 얻은 발견이 확장되는 재미. 비 오는 날 밖으로 나가 물방울무늬 우산 쓰고 폴카를 추면 더 즐겁지 않을까….

2

옷이라는 상형문자
반복되는 사과
질문합니다
연둣빛 속살
참깨의 천국
뜨거운 점(點) 하나
보리 패는 미소
싱어게인

옷이라는 상형문자

　옷이 날개다, 좋은 구두가 너를 좋은 세상으로 데려다 줄 거야, 같은 말을 종종 듣는다. 이 말들을 씹어 보면 아무튼 삶은 무엇엔가 의해 이루어지는 것이지 그냥 이루어지는 것은 아니란 뜻일지도. 그게 자신의 노력일지도 모르고 누군가의 힘을 빌려서일지도 모른다. 오픈런이란 신조어를 검색하다 든 생각이다. 명품을 쟁취하기 위해 가게 문 열기 전부터 줄 서는 행위라는데 이게 외인들 눈에도 신기(?)했던지 블룸버그 통신에서조차 기사화했단다.
　바야흐로 서울이 주목받고 있다. 블룸버그 통신만이 아니라, 잠수교에서 루이비통이 패션쇼를 한 뒤, 구찌가 경복궁에서 패션쇼를 열고 뒤풀이를 요란하게 벌였다가 시민들로부터 불만 집중포화를 맞았다던가, 아무튼 화제 만발이다. 욕망이 살아 움직이는 서울의 역동성이 생생하다.
　더 나은 세상으로, 더 나은 세상으로 나서는 행렬이 빛는 소동이 아닐지. 옷 하나 사는 데도 경쟁을 벌이니 나머지는 그저 짐작으로 헤아려 볼 뿐. 소유에 대해 어느 것 하나 만만한 게 없는 사회란 뜻 아닌가. 경쟁 사회의 풍경에 피로감이 더해진다.

그게 옷이 됐든 가방이 됐든 신발이 됐든 날개 하나 더 달자고 잠을 반납하고 명품 가게 앞에 줄 서는 속내는 어떤 것일까. 신화에 의하면 최초의 날개는 이카로스의 날개다. 촛농으로 날개를 붙이고 날아올라 태양열에 촛농이 녹는 바람에 떨어져 죽은 남자. 그 정도의 지식과 상상력이 있는 사람이라면 촛농이 녹으리라 계산 못했을 리 없을 터인데 그래도 감행한 속내엔 꼭 쟁취하겠다는 무서운 집념이 도사리고 있던 게 아니었을지. 하기에 새벽잠 반납 정도는 새 발의 피. 얼죽아란 말도 생겨났잖은가. 더 나은 삶으로 전진할 일만 남았다는 건지.

성서에 의하면 최초의 인간은 옷이 없었다. 지금은 개도 옷을 입건만. 하긴 개가 옷을 입으니 개도 인간처럼 진화하는 중인지도. 최초의 옷은 나뭇잎이었다. 그다음 제품은 가죽옷이었다. 여기서 중요한 것은 제품 가격이 아니라 왜 입게 됐느냐. 나뭇잎으로 스스로 신체를 가리게 된 건 자각 때문이었다. 벗고 있다는 현타. 공급이 끊어졌다는 실존. 떨어져 나왔다는 분리불안증. (인간의 불안은 여기가 출발점이다.) 천상천하유아독존의 의지할 데 없다는 당혹감. 신은 이를 긍휼히 여겨 짐승의 옷을 벗겨 인간에게 입히셨다. 하기에 이 설에 의하면 인간은 누군가의 눈물을 입고 사는 셈이다. 옷은 은혜의 메타포였다.

옷은 시간이 지나며 욕망까지 덧입혀졌다. 심지어 잘 입은 거지가 밥도 더 잘 얻는다고 한다. 옷으로 자신을 꾸미지 않을 수 없게 됐다. 재산 신분 능력 취향 개성을 드러내는 척도로 변화 발전했다. 이에 지친 나머지 한때 소확행이 유행하더니 요즘은 꾸안꾸가 유행이란다.

꾸민 듯 안 꾸민 듯한 꾸밈. SNS와 전시의 시대에 일상의 모든 부분을 하나하나 전시하며 시선을 즐기는 건 이미 시대적인 욕망이 되었다. 욕망하는 존재가 인간답다고 당당하게 선언한다. 입는 것도 먹는 것도 사는 것도 잘 전시해야만 완성되는 그 무엇이 됐다. 전시의 존재. 이에 지쳐 소박함을 추구하는 것인데 그냥 소박이란 말을 하기엔 성에 안 차 꾸안꾸로 현존을 채운다.

이런 와중에 요즘, 놀라운 발견을 하나 했다. 막내 손주가 학교 과제에서 좋은 점수를 받았다며 과제물을 보여줬다. 선생님이 제시하는 스토리를 읽고 질문에 응답하고 내용을 그림으로 그리는 과제였다. 눈길을 끈 대목은 그림이었다. 인물이 엄마의 요구에 Noooo!를 외치며 의자에 앉아 있는 모습이었다. 아이는 의자 위에 사람 대신 '옷'을 앉혔다. 머리 ㅇ, 몸과 양팔 +, 다리 ㅅ. 생략된 선으로 사람 모습을 그린 건데 그게 정확히 '옷'이라니. 영어로 작성된 과제물에서 한글 '옷'은 유난히 도드라졌다.

결국 인간은 옷 그 자체였구나. 오, 할아버지! 한글이 음소문자인 줄로만 알았는데 이제 보니 동시에 상형문자였군요. 이 점을 미리 아신 할아버지는 정말 위대하십니다. 평생 살았어도 몰랐던 걸 오늘에야 깨닫습니다. 그러고 보니 '봄'을 보았을 때도 그 비슷이 느낀 적이 있습니다. 봄을 가만히 들여다보고 있으면 사방에서 싹이 솟아나는 걸 볼 수 있었죠. 그 또한 상형문자였군요.

문자를 만드신 내 할아버지의 위대함에 그저 머리가 숙어질 뿐이다. 그래서 알몸으로 태어난 인간이 갈 때는 덤으로 옷 한 벌 입고 가는 것이었구나. 양인자는 김국환으로 하여 '알몸으로 태어나서 옷 한 벌은 건졌잖소.'라고 노래하게 했다. 그게 있는 그대로, 즉 진여(眞如)라고. 인간의 정체성이 옷에 있었음을 비로소 깨닫게 되다니.

20대에 미술과 친구가 초상화를 그려주겠다고 한 적이 있다. 그때 친구는 나를 나체로 그리겠다고 했다. 아직 이루어진 약속이 아니기에 가끔 궁금했다. 왜 나체로 그린다 했을까. 이제 어렴풋이 알겠다. 탄생 자체를 그려보겠다는 뜻이었음을. 그러나 지금은 너무 많은 옷을 껴입고 산다. 욕망을 묻히고 산다. 늘 늦게 깨닫는 범생. 괜히 옷이 날개겠는가.

반복되는 사과

사과가 문제였다. 흑백으로 이루어진 세상에 살고 있는데 왜 사과가 빨간색으로 보였는지. 그 발견 이후 그의 세계는 붕괴됐다. 그의 이웃도 마을도 붕괴됐다. 그는 새로운 세상을 찾아 거기를 떠날 수밖에 없었다. 식량 부족으로 전쟁을 경험한 사람들은 다름을 제거하고 늘 같음 상태로 사회 규정을 정해 균등한 행복을 유지하는 세상을 만들었다. 균등함을 위해 심지어 기억조차 통제되는 로이스 로리의 디스토피아 소설,《기억 전달자》의 주인공 조너스는 기억 보유자 훈련을 받다 사물의 본디 색깔을 알게 됐다. 그 발단이 사과였다. 작가는 왜 붕괴의 실마리 역할을 사과에게 맡겼을까. 성서의 창세기 사과를 연상해서였을까.

물론 창세기의 과일은 사과가 아니다. 그냥 선악과라 기술된다. 오늘날 이를 사과로 편리하게 부르게 된 건 기독교가 유럽을 거쳐 세계로 전파됐기 때문이다. 존 밀턴의 《실낙원》을 비롯, 중세의 그림들을 보면 창세기 장면의 그림 속 선악과는 사과 모습을 하고 있다. 이후 선악과는 이브의 사과로 불리게 됐다. 말하자면 이브의 사과로 해서 창조의 세계가 붕괴된 셈. 이로써 창조, 타락, 구원, 완성의 서클 반복이 시작됐다. 구원사의 출발이었다. 이 출발선에서 사과가 억울하게 역할을 떠맡게 된 것이랄까. 포도, 살구, 복숭아, 무화과, 등 기타 과일들도 있었건만 왜 하필 사과였을까. 더욱이 무화과 잎으로 옷을 지어 입었단 대목도 있는데…. 선악과 사건은 성경에서 꾸준히 반복되는 인간의 몰락을 처음으로 제시한 사건이기도 하다.

사과가 억울하게(?) 역할을 떠맡은 예화는 또 있다. 과학의 역사는 뉴턴의 사과가 떨어지던 전과 후로 나뉘게 된다고 한다. 배도 떨어지고, 감도 떨어진다. 만물은 땅을 향해 내리꽂히며 생을 마친다. 뉴턴은 왜 하필 사과에서 그런 영감을 얻게 됐을까. 그 순간 유독 사과에 집중했다는 점이 의미심장하다. 요즘도 가끔 뉴턴의 사과를 떠올리면 혹시 그 사과는 땅에 떨어지는 순간, 왜 하필 나야! 땅을 치며 후회하지 않았을까, 반전도형(反轉圖形)식으로 공상해 본다. 왜 하필 그런 역할을 사과에게 맡겼을까.

변화의 깃대 위에 나부낀 사과는 또 있다. 세잔의 사

과. 역시 미술사도 세잔의 사과 이전과 이후로 나뉜다고 한다. 현대 미술사의 출발을 세잔으로 보고 있으니 이 또한 사과가 분기점이 되는 셈이다. 세잔은 사과의 본질을 그리겠다고 사과가 썩도록 보고 또 보며 그렸다고 한다. 그는 왜 하필 사과를 그처럼 그리고 또 그렸을까.

하기에 IT의 선두주자 애플의 한 입 베어 문 사과 로고 또한 의미를 되짚어 볼 만하다. 왜 하필 사과였을까. 스티브 잡스가 습관적으로 한 입 베어 물던 사과라는데…. IT가 등장한 이후 삶의 속도는 기존 도로가 아니라 고속 도로를 넘어 아우토반 수준이 됐다. 인간세가 끝나고 기계세로 접어드는 길목의 요즘, 혹자는 의심한다. 잡스가 자신도 모르게 깊이 있는 뭔가를 발견하고, 그게 사과로 표출된 게 아닌가 하고. 에덴동산을 붕괴시킨 사과이니만큼 뭔가 불길하다. 한세상을 붕괴시키고 또 한세상의 출현을 알림에 여지없이 등장하는 사과.

이처럼 인류의 역사에 역변이 일어날 때마다 거기엔 늘 사과가 있다. 애초에 금단의 열매로 창조됐기에 인간 역사 갈피갈피 등장하며 세계를 닫고 열게 하는 것일까. 혹자는 현재 우리는 새로운 문명의 신세계인 메타버스의 창세기를 목도하고 있다고 말한다. 잡스의 사과가 우리에게 전하는 메시지는 뭘까.

유럽 유명 인사의 발언에 그 답이 있지 않을지. 그는

'내일 지구의 종말이 오더라도 나는 한 그루의 사과나무를 심겠다.'라고 했다. 하고많은 나무 중 왜 하필 사과나무였을까. 이 명언은 주로 흔들리지 않는 신념을 드러낼 때 인용되곤 하는데, 선택의 다른 이름이 이브의 사과다. 그도 변함없이 이브처럼 인간 쪽에 서서 선택할 것이라는 의지를 드러낸 게 아닐지.

《기억 전달자》와 마찬가지로 여타 문학 작품 속에서도 사과는 계기의 순간 역할을 한다. 대표적인 것이 빌헬름 텔의 사과다. 스위스 독립의 계기가 된 사건의 상징은 화살을 맞아 두 개로 쪼개진 사과였다. 백설 공주의 사과도 있다. 계모가 준 독물을 받아먹고 깊은 잠에 빠졌으나 왕자의 키스로 잠에서 깨어나 사랑을 얻고 상황 전환을 불러오게 한 것도 사과다. 오늘날에도 대중매체에서 모종의 계기로 여전히 사과를 등장시킨다. 가령 동물 수준의 인간이 사과를 먹고 인간으로 거듭났다는 등.

이러고 보면 사과는 아사셀의 염소인지도 모르겠다. 제의에 쓰이고 마침내 광야로 보내지는 속죄의 염소. 검은 염소일까? 똑같은 생물로 만들어져 하나는 신에게 바쳐지고 하나는 아사셀에게 바쳐진다. 선택의 결과다. 인류사에 면면히 반복되는 사과의 존재가 아사셀의 염소라면 인간은 마땅히 사과에게 사과(謝過)해야 하지 않을지. 유다와 본디오 빌라도처럼 악역을 맡아준 존재가 있기에 오늘의 '나'가 안도하며 거리낌 없는 존재로 숨 쉬며 살고 있는 것이니. 이 점이 사실이라면 사과가 참으로 고맙다.

현대 미술의 아버지 세잔처럼 오늘도 사과를 보고 또 본다. 금단의 과일, 불화의 과일이란 오명 아래 선택의 분기점에 여지없이 등장해 선택을 시험하는 사과. 앞으로도 얼마나 더 많은 사과가 등장하여 인간의 역사를 가르는 분기점이 될지 아무도 모른다.

하지만 사과는 현실적으로 엄연히 식품이다. 보기만 해도 새콤달콤하게 군침이 도니 그 붉은색의 유혹을 어찌 거절할 수 있으리. 북유럽의 신화 중엔 신들이 사과를 못 먹으면 불로불사할 수 없다는 전설도 있단다. 사과 한 입으로 불사의 꿈이 이루어지는 건 아니겠지만 못 이기는 척 착색이 잘 된 가을 사과 하나 골라 한 입 깨물어 본들 어떠리. 옛날 명동의 막걸릿집 아방궁 벽엔 술은 인류의 적, 마셔서 없애자, 라고 쓰여 있었다. 문제적 사과도 먹어서 없애야 할까? 사과가 문제는 문제다.

질문합니다

　마녀의 저주에 걸렸는지, 전능자께서 문(文)의 실(絲)을 실패로 감아버리셨는지 머릿속이 도무지 깜깜한 요즘이다. 속이 버석거려 참을 수 없는 가려움증으로 서성이고 있을 때 마침 친구에게서 〈다시 태어난다면〉이란 제목으로 한 편의 글이 왔다. 잡지의 청탁 글인데 주제를 함께 나누고 싶다고.
　그 잡지 편집자는 얼마나 심심했으면(?) 이런 질문을 했을까. 참 쓸데없는 질문도 다 있다 싶었다. 친구는 '욕망과 편견과 대립으로 공포와 불안이 엄습하는 사회. 사랑과 신뢰의 결핍으로 행복을 잃어버리고 스스로 아픈 세상에 살고 있다고 믿는 이웃들에게 무언가를 말해 주고 싶었다.'고 그 요구에 응한 이유를 설명했다. 결국 이기가 아니라 이타라니 나도 조금 더 진중하게 생각할 필요가 있지 않을까, 마음을 눅게 먹기로 했다.

한데 질문을 씹어 보니 선결문제가 있다. 다시 태어난다는 일이 가능한가. 다시 태어난 사람은 없다. 불가능하기에 가정을 설정하고 상상의 나래를 펴보라 하는 주문이겠지.

역설로 답해 보면 인간 중 다시 태어난 사람이 둘 있기는 있다. 부활하신 예수님과 윤회하신 부처님. 기독교에선 부활이고 불교에선 윤회고 이슬람에선 환생이다. 종교에 따라 전생과 이생을 나누기에 내생도 있다. 하기에 다시 태어난다는 것은 내생을 믿는 종교 행위가 되지 않을까.

하지만 누구도 부활이건 윤회건 환생이건 눈으로 목도한 사람은 없다. 이를 상상이란 정신 활동의 하나로 간주해도 되지 않을지. 우주도 유리 가가린과 닐 암스트롱이 직접 보고 오기 전엔 우주의 광대함이 논쟁거리였다. 유토피아, 샹그릴라가 있을까? 삼신산의 신선처럼 이도 상상의 산물일 뿐이다. 요즘은 웹 소설의 환생기가 절단신공을 발휘하며 독자를 달군다. 고달픈 삶을 이겨내기 위해 인간은 이처럼 상상으로 현실의 각박함을 이겨내 왔다. 내생도 마찬가지다. 내생이 없다면, 영생이 없다면 무슨 희망으로 살랴.

낮잠 자던 세 살짜리가 갑자기 몸부림치며 울어댔다. 사람이 죽으면 땅속에 묻힌다고 하는데 그 깜깜함을 어찌 견뎌내느냐, 깜깜함이 무서워 울었다고 했다. 지각이 발달하지 않은 아이도 죽음 뒤의 세계를 몰라 공포를 느끼는데 어른임에랴. 내생이라는 상상의 시간을 마련해 그 두려움을 위로 삼았을지도 모른다. 인간이 인지하는 건 태어나고 죽는 일 정도, 온 곳도 가는 곳도 모른다. 그저 상상만이 그 미지의 시간을 채워준다.

그래서 매장 방법을 달리해 그 상상을 채워 나갔다. 내생을 믿는 사람들의 매장 방법은 종교의 생사관에 따라 각기 다르다. 기독교에선 매장 빈도가 높다. 부활의 때가 왔을 때 돌아갈 몸이 필요하기 때문일 것이다. 회향(廻向)을 덕목으로 치는 불교에선 화장을 선호한다. 주검을 빈 몸, 즉 물질로 보았기에 그 물질을 온 곳으로 회향해 윤회를 이루기 위해서. 심지어 바람에게 맡기는 풍장(風葬), 내세관이 불분명한 조장(鳥葬)도 있다.

이토록 다시 태어남에 고착(?)된 종교들이니 어디, 자신에게도 정색하고 물어본다. 다시 태어날 수 있을까? 모른다. 이걸 알면 이단 교단 하나 창설하지 이리 몽매하게 살고 있겠나. 영생을 믿어야 하는 사람으로서 정확히 말할 수 있는 건 오로지 하나다. 아침마다 눈 뜨며 맞이하는 부활. 가(假) 부활, 아니 예비 부활, 실전 치르듯 하는 부활 연습. 간밤의 죽음, 잠으로부터 눈 뜨는 일이 가장 현실적인 부활이 아닐지. 어제를 말짱 묻어버리고 다시 태어나는 아침의 감동이 신비롭지 않은가. 매일 부활을 경험하면서도 깨닫지 못하니 어둡기 짝이 없는 인생이다.

상상은 신비로 들어가는 문이다. 삶 가운데 상상이란 정신적 영역이 없었다면 산다는 일이 얼마나 아득하고 삭막했을까. 상상이 없었다면 과학의 발전도 인류의 내일도 없었을 것이다. 그러니 상상할 시간 있으면 창조적인 상상을 하라. 오고 가는 곳을 모르는 인생이 살아서의 시간이나 충실히 갈무리할 것이지 가고 난 뒤를 왜 알려 하나. 지구에 앉아 달의 뒤를 들여다볼 수 없듯 죽고 난 뒤의 일은 알 수 없다. 알려 들지 말라.

다시 젊어진다면 뭘 할 거냐는 질문에 다시 젊어지고 싶지 않다고 머리를 젓는 사람도 꽤 있다. 여기에 이르기까지 힘들게 도착했기에 그 힘든 시절로 다시 돌아가고 싶지 않단다. 마찬가지로 그 힘든 삶을 반복하기 위해 다시 태어난다? 사양하고 싶다. 전쟁, 혁명, 이민, 등으로 충분히 삶이 뒤집혀 봤고, 그래서 허둥지둥 살아왔기에 같은 경험의 되풀이를 원치 않는다.

아무튼 친구가 이타를 위해 응답했다니 나도 이타를 생각하며 가상에 빠져 본다. 누군가, 질문합니다, 다시 태어난다면 무얼 하시겠습니까, 라고 묻는다면? 삶은 어차피 불만족, 불평등, 부자유해서 늘 낯선 역에 내린 느낌, 아니 불시착한 느낌이기에 오직 한 가지 답을 우선으로 내놓을 수 있을 것이다. 다시 태어난다면 태어난 나라를 안 떠날 것입니다. 부모 형제, 친구들을 다시는 떠나지 않을 것입니다. 39년째 거기 없는 나, 이 쓸쓸함을 무엇으로도 메꿀 수가 없군요. 만약 한 가지를 덧붙일 수 있다면 몸을 돌보는 일에만 애쓰지 않고 영혼을 살리는 일에 더욱 힘쓸 것입니다. 그리고 문리를 터득하는 문의 실패나 잘 풀렸으면 좋겠습니다. 발원은 오직 이뿐입니다.

연둣빛 속살

 봄이다. 봄이 왔다. 매섭게(辛) 겨울을 잘라내고(斤) 새롭게 시작하는 봄이 왔다. 새 제복으로 갈아입은 신입 사원들처럼 침엽수들이 검초록 가지 끝마다 연둣빛 바이어스 테이프를 두르고 섰다. 지난해의 묵은 검초록 사이를 뚫고 눈에 보일 듯 말 듯 비집고 나오는 그 연둣빛이 바로 지난해 자란 키다. 온 해를 바친 그 인내가 눈물겹다. 겨우 앉기 시작한 연둣빛 속살이 검초록으로 변하게 되면 또 한 해가 가게 되겠지. 검초록으로 변해 두껍게 변해버린 지난 시간이 손끝에 무겁게 와 매달린다.
 우리 선생들은 이미 오거나이저가 돼 있어. 단골 에미가 왼쪽에서 당당하게 말했다. 왜 새치기하느냐, 오른쪽 줄에 선 학생들의 말 없는 힐난을 의식하고 있음이 분명하다. 습관이 된 그의 커피와 베이글을 재빨리 만들어 넘긴다. 20달러짜리를 꺼낸 그는 선반에 놓인 잔돈에서 거스름을 스스로 집어 간다. 그 사이 린다가 미처 처리하지 못한 오른쪽 줄의 주문도 처리한다. 1분에 커피 두 잔 베이글 두 개 정도는 처리해야 하는 속도로 일해야만 한다. 선생 닉이 그렇게 지나가고, 낸시가 지나간다. 잔돈 있는 쪽으로 다가올 수 없던 루시는 학생들 머리통 위로 주문 봉지를 건네받자, 손을 흔들어 보이고 그냥 나간다. 이따 오후에 다시 올게. 미처 돌보지 못한(?) 지폐들이 바닥으로 구른다. 나중엔 발에 밟힌다. 남편은 아이들 손바닥 위에 일일이 계산해 주면서도 사이사이 캔디 슬쩍하는 말썽꾸러기까지 잡아내 밖으로 내보냈다.

첫 스쿨버스가 도착하고 수업 시작종이 울릴 때까지의 시간은 50분 정도. 그 시간에 5대의 스쿨버스와 섞여 오는 선생들의 주문을 함께 처리하려면 그 순간만큼은 돌아가신 부모님이 다시 살아오신다 해도 반갑지 않다. 숨 돌릴 틈도 없이 머리 돌릴 틈도 없이 주문을 받아내야 했다. 그런 우리 모습을 선생 탄야는 존경스럽다는 듯 말했다. 아침마다 300명가량의 학생 먹이느라 정말 수고가 많다. 나라면 이렇게 일 못하는데. 너희는 천재, 아니 초인이야. 어떻게 그리 해낼 수 있는지 진짜 놀라워. 샌드위치 봉지를 받아 들고 가는 그의 어깨가 춤추듯 움직였다. 베이글이 동이 나갈 즈음 학교 시작종이 울렸다. 교장 쟌이 가게 입구에 나타나 전도사처럼 외쳤다. 교실로 들어

갑시다! 교실로! 다양한 피부색의 학생들이 킬킬 웃었다.

아무 일도 일어나지 않고 이 정도로 시작종이 울리면 정말 행운인 날이다. 급하게 서두르다 보면 베이글 위로 칼이 미끄러져 왼쪽 검지 첫마디를 파고들었다. 나중엔 파고드는 속도로 그 상처가 회복되는 시간이 열흘짜리인지 몇 주 더 걸릴지 즉시 알아챌 수 있었다. 상처가 더디 회복되는 체질이라 칼이 미끄러지는 걸 느끼는 순간 지옥을 경험하게 된다. 그래도 빵칼은 약과다. 진짜 검은 지옥이 입을 벌리는 순간은 슬라이스 머신에 오른쪽 중지 끝이 날아갈 때다. 뚝뚝뚝 떨어지는 피가 감당이 안 됐다. 첫 경험엔 너무 서러워 다 내팽개치고 집으로 가 엉엉 울었다. 의무병 출신인 남편이 침착하게 처치해 줬기에 그나마 지혈이 됐다. 그 후 지혈이 잘 안 되는 체질로 노상 베다 보니 왼손 검지 첫마디 통증이 뼛속까지 파고들었는지 지금도 가끔 그 자리가 쑤시고 욱신거린다. 이게 이민자의 삶이다. 천재도 초인도 아니고 그냥 버티기, 생존 굳히기였다.

아는 분 중엔 빵 공장에서 일하다 오른손 검지 중지를 아예 잃었다. 전공이 한국 무용이어서 은퇴 후 전공을 이어가려 했지만, 오고무 북채를 잡을 수 없어 꿈을 접었다. 그래도 내 오른손 중지 끝은 지금 알 듯 모를 듯, 어슷비슷 회복됐다. 문질러 보면 딱딱한 부분이 잡히긴 하지만 모르는 눈으로 보면 그냥저냥 넘어갈 수 있다. 상처가 다 회복된 듯 보이기도 한다.

이처럼 육신이 입은 상처는 세포가 회복되면 상처를 눈치챌 수 없게 된다. 진짜 깊은 상처는 마음속 깊이 자리 잡은 통증이다. 45년이 지났음에도 감히 입을 열 수 없다. 하기에 상처는 드러내 말할 수 있는 것도 있지만 진짜 깊은 상처, 상실은 가슴을 무덤 삼을 뿐 입 밖으로 꺼낼 수 없다. 치유되는 상처도 있지만 무덤으로 가져갈 치명상의 상처도 있다.

정도의 차이지만 모든 인간에겐 상처가 있다. 태어났다는 자체가 상처다. 하기에 모든 인간은 뭔가를 토로하고 싶어 한다. 《언어 본능》을 쓴 스티븐 핑커는 언어의 출현은 인간의 본능에서 왔고 그 필요의 이유는 무언가 불평하기 위해서라고 농담 비슷이 말했다. 불평, 토로, 상처, 상실, 다 같은 선상의 상황이다.

그러기에 상처, 결핍, 등 피 뚝뚝 떨어지는 고통을 입 밖에 내 말하기보단 상처가 흔적이 되도록 견디다 보면 어느덧 환부에 더께가 앉게 된다. 시간이란 숲을 통과하며 상처는 엷어지게 된다. 검초록 더께가 들리며 속살이 머리를 내밀게 되는 것이다. 고통, 절망, 죽음의 견고한 껍데기를 뚫고 나오는 생명, 그 속살의 색깔은 아릿한 연두다.

봄마다 나무에 연둣빛이 비집고 나오면 되돌아오는 그 생명력에 감동하며 가슴에 묻은, 발설할 수 없는 상처에도 연둣빛이 돌았으면 좋겠다고 생각한다. 살아 있는 모든 피조물을 부양하시는 손이 그 상처에 색을 칠해주시면 좋겠다고 생각한다. 오늘도 머리 숙여 들여다보는 나뭇가지에 머무는 연두가 색도와 채도를 달리하며 그 손을 드러낸다.

물질도 감정도 소유하지 않은 빈 상태, 무소유의 상태가 됐으면 좋겠다. 진정한 상처의 회복이란 이런 게 아닐지. 오늘의 나를 어떻게 소비하느냐에 따라 내일의 내가 결정되기에 손끝에 맴도는 통증은 잊으려 한다. 통과 여객처럼 시간이 지나가고 육신의 상처만 겨울의 종적을 남기며 주변을 서성이는 봄이다. 발돋움하는 봄이다.

참깨의 천국

　오늘도 두더지 땅 파듯 일과를 시작했다. 성경을 읽고 아침을 먹는다. 검은 깨와 김은 빼놓을 수 없는 생존 식품이다. 30대에 고장 난 위 탓으로 마늘에 의존해 살아났던 것처럼 지금은 깨와 김에 의해 근근이 산다. 지혈이 안 돼 늘 절절맸는데 깨를 먹고 상태가 호전됐고, 혈액검사마다 혈구 수치 미달로 재검에 재검을 받았으나 김을 먹고 필요 수치에 닿을락 말락 해져 눈감아 주고 넘어가게 됐다. 이 정도면 가히 깨와 김에 대한 생체 실험 보고가 아닐지.
　입에 털어 넣다 깨가 바닥에 떨어졌다. 손톱보다 작은 한 톨이지만 그야말로 피와 연관되니 함부로 취급할 수 없다. 그 한 톨을 주워 손바닥에 올려놓고 소중히 들여다본다. 네 정체가 뭐냐. 그러다 홀연 찾아온 궁금증, 깨알이 클까 겨자씨가 클까. 천국은 겨자씨 한 알과 같다 했으니 혹시 이 깨로도 천국이 되는 게 아닐까. 오늘 읽은 말씀으로 미루어 보아 안 될 것도 없겠다 싶다.

제자들에게 비유가 아니면 말씀하지 않으셨다는 예수. 그분은 문학적 기질 풍부한 예술가셨던가, 그래서 동질감을 느끼게 되나, 엉뚱한 상상이 어이없다. 그분은 만인, 만물, 만학의 주인이다. 감히 한 곳으로만 구속해선 안 되는 존재다.

귀 있는 자는 들으라, 하신 뜻은 듣고 마음으로 깨달으라 하는 비유였고, 깨닫는 행위는 속박에서 벗어나는 행위를 말한다. 고정관념이란 갑각류의 껍질을 벗고 새로운 존재로 우화(羽化)를 이루라 이르신 말씀이었다.

하긴 하나님이 혼돈 속에 갇힌 세상에 말씀으로(=가라사대) 질서를 베풀어 만물을 해방시켜 세상을 창조하셨다고 창세기에 쓰여 있다. 신약에 오신 예수도 말씀으로 세상을 재창조하셨다. 감각이 죽어버린 인간들에게 말씀으로 일어나 걸으라, 되살려 내셨고 벙어리, 귀머거리, 장님, 등을 회복시키셨다. 왜 육신이 말씀이 되어 오셨다 했을까, 이 말의 비의(秘意)가 어렴풋이 깨달아지는 순간이다. 하나님이 혼돈의 삼라만상을 1차 해방시키셨다면, 예수는 자아와 환경이라는 감옥에 갇혀 사는 인간을 육신에서 2차, 죽음에서 3차 해방시키셨다.

깨닫다. 그러고 보니 무수한 감옥, 속박에서 벗어나는

열쇠가 바로 깨닫는 행위가 아닐지. 아무리 해방을 가르치고 부르짖어도 듣는 자가 묶여 있는 한 자유는 없다. 비유가 아니면 말씀하지 않으셨다는 대목이 알이 껍질을 깨고 나오듯 머리를 탁 친다. 말씀의 함의가 신비롭다.

그럼 어떻게 깨달아야 할까. 깨달음이 오는 단계를 예수는 네 가지로 설명했다. 길 아무 데나 뿌려진 씨 같으면 뿌리가 발아하지 않아 깨달을 길이 전혀 없다. 돌밭에 뿌려진 씨 같다면 뿌리가 생기되 금세 말라버리겠고, 가시나무 위에 뿌려진 씨 같다면 나무의 나쁜 기운에 막혀 역시 뿌리가 내리기 어렵다. 좋은 밭에 뿌려져야 비로소 뿌리를 내릴 수 있다고 해설하셨다.

좋은 밭에 씨가 뿌려져야, 이 대목에서 공자가 떠오른다. 이 경지를 공자 할아버지는 생이지지(生而知之)라 했다. 즉 깨달음의 단계를 태어나면서부터 빨리 깨닫는 자, 그 다음 배워서 깨닫는 자(學而知之), 그리고 배움에 곤란을 겪는 자(困而知之), 마지막 넷째는 곤란을 겪으면서도 알기 위해 배우지 않는 자(困而不學)로 풀이했다.

말하자면 예수는 깨닫는 영의 상태를 말한 거고 공자는 배움의 품성을 말한 셈. 깨달음과 배움은 동전의 양면일까. 깨닫지 못하면서도 매일 성경을 읽는 이유가 곤이지지, 즉 배움이 부족하기 때문이라고 핑계 대고 싶은 속셈인지… 자신의 속셈이 교묘하다.

어쨌거나 창세를 믿든 말든 예수의 부활을 믿든 말든 그것을 현세에 눈으로 본 자 아무도 없다. 결국 모든 역사는, 진화는 현실에 더해진 상상을 믿는 마음으로 발전돼 왔다. C.S. 루이스는 말했다. 상상력이란 우주의 의미를 여는 열쇠라고. 해서 이카로스가 상상하던 것이 오늘날 비행기가 되고 그 비행기가 우주선이 돼서 성간 우주를 넘어갔다. 창세의 창조를 왜 믿을 수 없는가.

하여 손바닥에 올린 깨 한 톨로 천국을 상상한다. 윌리엄 브레이크식으로 한다면 안 될 것도 없다. 겨자씨 한 알이 커서 나무가 되고 그 나무에 새들이 와 깃들여 쉼을 얻게 된다고, 이게 천국이라고 하셨으니, 깨 한 톨이 자신의 피를 생성해 생명을 얻게 하고 정신을 확장시켜 평안에 거하게 한다면 이게 천국이 아니고 무엇이랴. 천국의 정체는 안식 아닌가. 만드신 분과 만들어진 자가 공감으로 함께 거하는 곳. 천국은 볼 수 있게 임하는 게 아니고 너희 마음에 있다고 분명히 말씀하셨다.

또 예수는 베드로에게 천국 열쇠를 주며 묶이지 말라고 했다. 땅에서 묶이면 하늘에서도 묶인다고. 그러니 천국의 열쇠란 마음이다. 묶이지 않는 마음. 마음이 온갖 것의 열쇠다. 자아와 본능에 묶여, 소유 명예에 묶여, 관계에 묶여, 생활은 불편투성이다. 안식은 깨지고 천국은 증발해버린다. 묶이면 바늘구멍은 당연하고 큰 문조차 통과 못한다.

 평생 나를 묶은 건 건강이었다. 심지어 친구가 말했다. 꼭 옥수수깡으로 만든 사람 같다고. 21세기에 와서야 백혈병 직전 단계의 질환 중 하나라고 병명이 정해졌다. 그간 건강에 묶여 살던 소극적인 삶이 깨와 김을 만나 비로소 속박을 풀었다 할까.

 말하자면 이건 생활의 발견이며 천국의 발견이다. 왜 묶였는지 몰랐기에 깨닫지 못한 것이니 이제라도 마음의 감각을 새롭게 하여 주신 생명을 쇄락하게 보듬어야 할 시간인지도 모르겠다.

 언어의 껍질만 말하고 속살을 느끼지 못할 때 삶은 진부해진다. 비유를 깨닫는 순간 삶을 짓누르는 속박에서 벗어나 자유로워져 생명은 재창조된다. 삶의 비의를 품는 문학이 비유로 이루어지는 이유가 이로써 확연해진다. 문학은 삶의 열쇠를 품고 있다. 이리하여 오늘도 즐겁게 깨달음 하나를 얻고 오늘의 상상, 즉 즉문즉답을 이만 접기로 한다. 창으로 내다보이는 이웃집 지붕에 부서지는 아침 햇살이 사랑스럽다.

뜨거운 점(點) 하나

　학창 시절 어느 겨울, 친구들을 몰고 원효로에 갔다. 선생님은 댁에 안 계셨다. 사모님이 들어오라 하셨다. 오래지 않아 선생님은 책을 한아름 안고 돌아오셨다. 출판사에서 오는 길이라며 우리 앞에 책을 내려놓으셨다. 빨간 천으로 싼 고급스러운 장정에 케이스까지 곁들인, 한눈에 봐도 정성을 들인 책이었다. 아직 풀도 다 마르지 않아 천 위에 풀 자국이 그대로 드러나는 책에 선생님은 한 사람씩 서명해 주셨다. 내겐 출석부의 이름이 아닌 필명을 써 주셨다. 앞으로 작가가 돼 오래 글을 써라, 하시는 뜻인 것 같아 송구했다.
　《뜨거운 점(點) 하나》, 책 제목에서 강렬한 매력이 느껴졌다. 한데 선생님은 한숨을 내쉬셨다. 시를 써야 할 시간에 딴 데 시간 쓰는 일이 자괴감 느껴진다, 언제나 이런 글 안 쓰고 맘 놓고 시를 쓸꼬. 책의 내용은 시가 아니고 산문이었다. 유명인들의 잡문이 날개 돋친 듯 팔리는 세상에서 출판사의 기획물로 탄생한 책인 듯싶었다.

"만년필의 펜촉이 이상하게 부드럽고 매끄러워진다. 밤이 깊은 탓이다. (중략) 자정이 지나면 밤의 정적이 귀에 울리게 된다. 그것에 익숙해진 귀에는 시계만큼이나 정확하게 알 수 있다. 서재는 형광등 불빛 아래 깊은 해저같이 가라앉고 써 가는 글줄에 마음이 흡수되어 문맥이 차분하게 이어지게 된다. 그 무렵이면 잉크가 고르게 흘러내리기 시작하고 만년필의 펜촉이 한결 매끄러워지는 것이다."

집에 돌아와 첫 단락에 매료돼 단숨에 읽었다. 시를 잘 쓰는 사람들은 산문도 잘 쓴다, 감탄하며 읽었다. 경제 문제에서 벗어날 수 없는 시인의 삶은 선생님의 대표작 중 하나인 〈가정〉에서도 잘 드러난다. '아랫목에 모인/ 아홉 마리의 강아지야,/ 강아지 같은 것들아./ 굴욕과 굶주림과 추운 길을 걸어/ 내가 왔다./ 아버지가 왔다./ 아니 십구 문 반(十九文半)의 신발이 왔다.' 삶의 땀과 노력이 없었다면 이처럼 뭉클한 시를 쓸 수 있을까. 경제적 사회인과 시인 사이에서의 갈등이 없었다면 이같이 절실한 시를 쓸 수 없을 것이다. 아마도 경제는 선생님 시의 원동력 중 하나가 아닐까 생각해 봤다.

읽고 보니 책 내용에 〈뜨거운 점(點) 하나〉란 제목의 글은 없었다. 그저 책 제목일 뿐이었다. 그래서 독후감이 더 오래 갔다. 이 책을 통해 선생님이 말하고자 하셨던 뜨거운 점 하나는 무엇이었을까. 삶의 어떤 정점? 순혈한 시의 정점?

누구나 살아가며 삶의 한순간, 뜨거운 점 하나 갖길 소망하게 되지 않을까. 여기에 생각이 이르면 늘 언니 생각이 난다. 전쟁 끝난 후, 취학 전의 유년의 시간에 어머니는 언니를 두고 말씀하셨다. 큰 거는 낮잠을 몰라요. 아무 할 일이 없어도 자는 걸 본 적이 없어요. 비 오는 날이어서 정 할 일이 없으면 추녀 밑에 쭈그리고 앉아 떨어지는 낙숫물을 구경할망정 낮잠은 안 자요. 말꾼으로 온 이웃집 아주머니들에게 이리 말씀하셨다. 큰오빠에겐 큰애라 하셨건만 맏딸인 언니에겐 꼭 큰 거라 하셨다. 그 어휘 속에서 어머니의 애정을 가늠해 본다면 무리가 될까.

왜 언니는 낮잠을 안 잤을까. 못 잔 건 아닐지. 새 학기를 위해 교복을 맞춰 걸어놓고 개학만 기다리다 전쟁이 일어났다. 전쟁이 끝나고 언니는 복학하지 못했다. 맏딸로서 그보다 더한 삶의 짐들이 기다리고 있었기에. 언니는 한창 꿈꾸기 좋아할 소녀기를 그렇게 보냈다. 그게 가슴에 들어박혀 잠들 수 없었던 걸까. 낮잠은 긴장 풀어주기다. 긴장을 풀 수 없었던 순간, 미래를 향해 달려가야 할 순간, 잠들어 있으면 안 된다는 의지가 언니를 깨운 건 아닌지. 그 시절 언니의 뜨거운 점 하나는 무엇이었을까. 어머니 말씀은 두고두고 가슴에 박혀 지금도 못 자국처럼 남아 있다. 언니를 떠올리면 짠한 아픔에 그만 아릿해지고 마는 탓이다.

우리 가족은 음주 가무에 능한 자와 아닌 자로 나뉜다. 음주에 능한 사람은 말술을 배 속에 넣고는 가도 그냥은 못 간다는 아버지, 그 능력을 그대로 이어받은 작은오빠, 그리고 나였다. 나머지는 알코올 비분해자들이다. 가무에 능한 사람은 아버지, 언니, 작은오빠, 큰동생이다. 언니는 〈나는 열일곱 살이에요〉를 박단마보다 더 기막히게 잘 불렀다. 큰동생은 지금 경기 민요를 한다. 나머지들은 음치, 멱따는 사람, 모깃소리 내는 사람들이다. 조카가 가수가 된 건 분명 할아버지 유전자일 것이다. 살펴보면 아버지와 언니와 큰동생이 가장 예기에 뛰어난 게 아닌가 한다.

뛰어난 능력을 지니고도 하나도 싹 틔우지 못한 언니였기에 잠들 수 없었던 건 아닌지. 지금은 어떨까. 낮잠을 잘까. 한복, 양복에 모두 손재주가 뛰어나고 색감에 예민한 언니는 팔십이 넘어서도 손수 옷을 지어 입는다. 몇 년 전 내 생일에 투피스 한 벌을 지어 보내기도 했다. 아버지가 말리지만 않았어도 내가 최경자 못지않은 의상 디자이너가 되지 않았을까. 언젠가 언니가 콧등에 주름을 접고 웃으며 말했다.

선생님 댁에 자주 드나든 건 원고를 청탁하거나 고료를 가져다드리는 학보사 일 때문이었다. 시가 써지지 않던 순간을 토로하기도 하셨던 선생님(그 무렵부터 선생님은 평생 쓰시던 서정시를 넘어 사물시에도 관심을 보이셨다.)이 항상 잡문 쓰기에 괴로워하신 것처럼 꿈과 뜻을 펼쳐 보지 못한 언니 또한 삶이 늘 괴로웠던 건 아닐지. 젊은 시절 나 또한 쉽게 잠들지 못했다. 글이 기다리고 있는데 어찌 잠들 수 있으랴, 하는 심사로 밤을 밝혔다. 삶을 향한 정갈한 밤의 투신에 눈떴던 그 시절 내 뜨거운 점 하나는 무엇이었을까. 돌아보면 뜨거운 점 하나의 시간이 아직 오지 않았다는 생각도 든다. 그 점을 만나기 위해 오늘도 내일도 그 다음 날도 주어진 길을 가고 있는 건 아닌지.

보리 패는 미소

기사를 읽다가 눈이 번쩍 뜨였다. 부제가 '서정주와 송기원의 대화'였다. 서정주 선생 왈, (생략) 그게 사연이 있거든. 동리 있잖은가. 왜, 자네 소설 스승 동리 말이야. 그 동리가 아직 소설가가 되기 전에는 원래 시를 썼었거든. 시인이 되겠다고 말일세. 그런 어느 날 동리가 나를 찾아와서 시를 썼다면서 외우지 않겠나. 그래서 들어보니 과연 좋더라고. 벙어리도 꽃이 피면 운다니 얼마나 좋나. 암, 꽃이 피면 벙어리도 마땅히 울어야지. 내가 탄복해서 몇 번이고 그 구절을 암송하자, 자세히 듣던 동리가 손을 휘휘 내젓는 걸세. 그게 아이라, 그게 아이라, 벙어리도 꽃이 피면이 아이라 꼬집히면인기라. 벙어리도 꼬집히면 운다, 알고 보니 꽃이 피면이 아니라 꼬집히면이었던 게야. 그래서 동리에게 내 당장에 시를 집어치우라고 호통을 쳤지. 동리가 마침내 유명한 소설가가 된 데는 내 덕도 있을 걸세.

　오리가방 서정주 선생님, 입학시험 면접관이셨던 김동리 선생님. 선생님들은 이렇게 노시기도 했구나, 웃음이 절로 터져 나왔다. 그러기로 말하면 내게도 비슷한 일화가 있다. 대학 2학년, 가을 축제 일환으로 문학의 밤이 열렸다. 지금이야 동인들을 문학 밴드라 하고 문학의 밤은 문학 콘서트, 어쩌고 하며 있어 보이게 포장하지만 그때만 해도 일제강점기의 잔재가 남아 그적 문학의 밤이라고 했다. 지금도 그 시절, 그 명칭을 그리워하는 분도 있다.

　아무튼 문학의 밤이니 우리 과 전 학년이 총동원됐고 행사는 전교생이 모인 가운데 진행됐다. 그날 총평은 박목월 선생님이 하셨다. 선생님은 환한 미소로 가볍게 연단에 오르셨다. 신나는 일이 있으신지 에너지가 넘치셨다. 역시 기분 좋은 음성으로 총평을 이어가셨다. 오늘 이 학교에 와서 엄청 좋은 발견을 했습니다. 모나리자의 미소보다 더 훌륭한 미소를 발견했으니 얼마나 놀라운 일인지요. 2학년 아무개의 시에 '보리 패는 미소'란 대목이 있는데 어디에서도 보지 못한 메타포입니다. 참으로 놀랍습니다. 여러분도 그리 생각하지 않나요. 억양이야 경상도 억양이었지만 공개 석상에서 선생님은 늘 표준어를 쓰셨다. 선생님의 총평에 우리는 고무되었다.

한데 끝나고 칭찬의 당자는 매우 당혹스러워했다. 그때 그 시 주인이 계숙이었나, 은지였나… 또렷하게 기억에 남는 건, 그 보리 패는 미소가 '볼이 패는 미소'였다는 후일담이다. 미스프린트였다고. 그때만 해도 필경사가 철판을 긁어 책자를 발간하던 때다. 그 친구를 둘러싸고 너도나도 흥분의 격려를 건네자 그 애는 매우 난처한 얼굴로 주춤거리며 진실을 밝혔다.

동리 선생의 꼬집히면 벙어리도 운다나 그 친구의 볼이 패는 미소란 평범엔 문학성이 없다. 오히려 비문학적이라고 해야 할까. 보리 패는 미소, 하게 되면 '패다'란 곡식의 이삭 따위가 나오는 걸 뜻하니 그 계절과 시적 환경을 이미지로 그려 볼 수 있는 함축적 언어가 되겠지만 볼이 패는 미소야 그야 보조개 미소를 말하는 것이니, 당연한 상황에 함의가 어디 있겠나. 그때는 보릿고개란 말이 살아 있을 때였다. 흥분이란 풍선이 확 죽어버린 상황에 우린 적지 않게 실망했다. 며칠 뒤 선생님께도 말씀드렸고 선생님도 크게 실망하셨다.

그야말로 음운의 작은 차이 하나로 의미가 확 뒤집히게 되는데 문학과 비문학의 차이는 이처럼 간발이란 예화가 아닐지. 결과는 성자와 비천한 자의 차이다. 하긴 의미의 차이도 그 비슷하다.

교회에서 이런 일이 있었다. 날 구속하신 구세주, 늘

신실하게 찬송가 부르던 권사님에게 어느 날 뭔가 미심쩍어 물었다. 혹시 그 구속이란 뜻이 경찰이 날 구속했어, 의 뜻으로 알고 계신 건 아니에요? 그분 표정이 확 변했다. 그 뜻이 아니었어? 날 체포한 구세주가 뭐가 고마워요, 억압해 줘서 고맙다고 찬송하신 거예요? 기막혀하는 둘의 웃음이 부딪혀 민망함으로 버무려졌다. 구속(拘俗)이 아니라 죄를 대속하여 우리를 구원했다는 뜻의 구속(救贖)이라고 설명했더니 얼굴이 다 환해졌다. 평생 그 뜻이 풀리지 않아 애먹었다고, 설명해 줘서 고맙다고 치사를 아끼지 않았다.

한발 더 나아가 좀 더 심각해지는 어휘는 시은좌다. 구약에서 언약궤 위에 시은좌가 있다고 하는데 혹자는 이걸 시온좌로 발음하기도 한다. 시은좌, 시온좌. 음은 비슷하지만 뜻은 엄청 다르다.

하나님은 율법(십계명)을 궤 속에 넣고 그것을 시은좌로 덮어버렸다. 그리고 율법을 덮은 그 자리에서 유대 민족은 물론 이방인인 우리에게도 은혜를 베푸시고, 인간과 만나고 싶어 하신다. 은혜(恩)를 베풀어 주고(施) 계신 자리(座)=시은좌와 유대 민족의 신앙 중심=시온(Zion)좌는 같은 뜻일 수 없다. 무한과 유한이 부딪쳐 폭발음이나 일어나지 않으면 다행이겠다. 이미 2천 년 전 메시아는 다녀가셨는데 아직도 메시아가 오지 않았다는 졸렬한 유대교 정신과 같을 수 없다.

한글 성경이 기본적으로 번역서이기에 이런 예화는 수도 없이 많다. 초자(初者)이기에 아직도 안 통하는 문장을 놓고 아침마다 씨름한다. 자신 있게 선뜻 뜻을 매기거나 풀지 못하는 이유는 한글로 번역된 뜻이 원어의 뜻과 같은지 확신할 수 없기 때문이다. 자의로 뜻을 매기고 '평양성에 해 안 뜬대도 난 모르오.' 하고 우길 수도 없는 일.

가령 '사람에게 영원을 사모하는 마음을 주셨다.'는 말씀이 퍽 맘에 들었는데, He hath set the world in their heart.(그분께서 세상을 그들의 마음에 두셨으니)로 되어 있는 번역본(KJV)도 있었다. 그 의미가 우리 은하와 안드로메다 은하 차이다.

우리 곁을 떠도는 말의 오해가 이뿐이겠나. 하여 그 유사성이 오해를 유발할 수도 있고, 유머로 끝날 수도 있고, 손실을 입힐 수도 있고, 불행한 결과를 가져와 죽음을 초래할 수도 있다. 언어의 구속성이랄까, 한계성, 또는 미묘성이랄까. 부디 미묘성에 빠져 언어의 늪에 헤매지 않게 되길 바랄 뿐이다.

싱어게인

응모한 잡지로부터 쉼표가 많아 문맥이 끊긴다는 심사평을 받은 적이 있다. 고교 이래 교정 일에서 거의 멀어져 본 적 없건만 하필 기본인 문장부호만 지적당했을까. 심사가 통과 됐음에도 뭔가 실패한 기분이었다. 몇 년째 JTBC의 〈싱어게인〉을 보고 또 보는 이유는 뭘까 더듬어 보다 바닥에 가라앉았던 이 기억과 만나게 됐다.

그 오디션에선 심사위원들과 사회가 한 호흡이 되어 농담이 무기인 양 참가자들의 긴장을 풀어준다. 실패를 보듬어 공감해 주고, 부족한 부분엔 전문적인 지적으로 친절하게 돕는, 호의 넘치는 모습이 참 보기 좋다. 내 삶과 글쓰기에도 저런 호의의 기회가 있었다면 뭔가 더 달라지지 않았을까, 하는 부러움조차 든다. 불친절 불공평한 세상에서 단연 돋보이는 오디션이기에 뭔가 불편한 마음이 드는 날, 서러운 날이면 그 재방송을 보고 또 보게 된다.

대학 3학년 작가론 시간엔 교수가 제시한 작가의 작품과 작품 배경에 대해 설명하는 발표로 수업이 진행됐다. 순서는 그날 자리 앉은 순서로 거의 무작위에 가까웠다. 내 차례가 왔던 날이었다. 작가는 김소월. 때마침 학보 특집을 위해 취재한 김소월 노트가 손에 있었기에 필요 부분을 간추려 발표했다. 끝나고 박수가 터졌다. 자리로 돌아오는데 점례가 귓속말로 말했다. 진부한 교수 설명보다 네가 한 게 더 낫다. 점례 말이 주변에 들렸는진 모르겠으나 강의실 분위기가 이상하게 가라앉았다. 그 교수는 유명 여류 시인의 동생임을 앞세우는 사람이었다. 강의 노트대로 답안지를 쓰지 않으면 F학점으로 처리했다. 그의 시험엔 선배들로부터 전해 오는 족보도 있었다.

그 학년말 성적표를 받고 깜짝 놀랐다. 난 작가론 D 받았네. 충격으로 무심히 흘린 말에 강의실이 술렁거리며 따지러 가라는 반응이 나왔다. 하지만 그냥 학보사로 갔다. 4학년은 현대문학 특강이었기에 그와는 그로 끝, 남은 것은 상처의 긴 그림자였다.

그런 경험을 뉴욕의 ESL 클래스에서도 했다. 러시안 유태인들이 자민족(自民族)의 미국 이민 정착을 돕기 위해 설립한 대학이었으므로 클래스메이트는 모두 러시안, 한국인은 나 혼자였다. 수업은 에세이 작성, 대화 연습, 영문법, 그리고 문서 작성과 미국 역사였다. 해가 바뀌고 영문법 교수가 바뀌었다. 꼼꼼하게 가르치던 러시안 여자 교수에서 윤여정이 수상 소감에서 말한 스나비쉬(?)한 백인 남자 교수로 바뀌었다.

　교과서를 펴 놓고 시제에 관한 연습 문제를 풀다 문제가 일어났다. 재구성된 사건에서 현재 시제를 사용할 수 있는가였다. 교수는 안 된다고 했다. 하지만 그 문제 바로 옆 페이지에 그런 경우 현재 시제가 허용된다고 보충 설명이 쓰여 있었다. 답이 바로 눈앞에 있건만 아무도 이의를 제기하지 않았다. 잘못 배우면 끝까지 잘못 알게 될 터인데…. 손 들고 그 내용을 알렸다. 자신감 넘치던 교수의 표정이 크게 바뀌었다. 이건 정말 트리키한 문제야. 당황한 목소리, 그러나 그는 대수롭지 않은 듯 받아넘겼다. 모호한 문제가 돌출될 때마다 그는 '이건 트리키해.'라고 습관적으로 연발했기에 수업은 그냥 진행됐다.

　그 학기 영문법 학점은 F였다. 말도 안 돼! 클래스메이트들이 분개했지만 내 수업은 그것으로 끝나게 됐다. 내겐 재수강할 시간이 없었다. ESL 클래스에 등록하는, 먹고사는 일이 더 급한 학생들의 절박함보단 이렇게 자신의 개인적 의사가 앞서는 교수도 있었다.

　하긴 그런 경험은 이미 중2에 했다. 세계사 선생님은 톤에 높낮이가 없어, 학생들은 졸거나 짝과 소곤거렸다. 대신 나는 교과서 사이에 소설책을 끼워 읽었다. 왕권신

수설은 오랜 세월 격렬한 도전을 받게 돼, 존 왕과 귀족들 사이에 드디어 대헌장, 즉 마그나 카르타가…. 여기서 선생님 목소리가 뚝 끊겼다. 눈으론 소설을 읽고 있었지만 귀로는 설명을 듣고 있었기에 왜지? 의아해졌다. 그대로 눈길을 떨어뜨린 채 선생님의 목소리를 기다렸다.

어느 순간 교실이 조용해졌다. 그리고 어떤 손이 읽던 책을 낚아채 갔다. 그땐 키가 커서 뒤에 앉았었는데 어찌 알았을까. 나가! 교실 밖으로 나가! 노여움 가득한 명령에 복도로 나갔다. 빈 복도에 선 자신의 초라함이 도드라져 보였다. 운동장으로 나갔다. 라일락 벤치에 앉아 체육 수업을 구경했다. 수업 종료종이 울리고야 교실에 돌아갔다.

얼먹은 가운데 담당 교사 회의가 열리고 부모 모시고 오라는 처벌이 결정됐다. 내 굴욕도 모자라 부모님까지 굴욕을 안기긴 싫었다. 끝까지 버텼다. 매주 착실하게 숙제해 가는 내 성실함을 높이 본 작문 선생님-교무주임이 중재해 일주간 수업 시작 전 반성문 제출하는 걸로 일이 끝났다.

그 일은 아무개 교실 탈출 사건이란 이름으로 전교에 유명(?)했다. 사건 이름까지 붙인 그 선생님의 분노 이유는 소란스런 교실 분위기를 바로잡아 보려고 한 자신의 위엄에 학생이 울며 매달리지 않았다는 점이라고 훗날 교도주임이 알려주며 웃었다. 그분은 고교 졸업하도록 마주

치기만 하면 고답적인 훈화를 늘어놓았다. 누구도 방해하지 않은 학생이 왜 지적당해야 할까. 마그나 카르타 악몽은 무작위 희생양 찾기였다.

하지만 이런 경험들이 내 삶에 마이너스로 작용된 것만은 아니다. 악의를 선의로 바꿔 수용하는 것도 용기다. 옹이가 굳어져야 나무가 성장하듯 이를 통해 아픈 사람에게 공감하는 성숙을 배웠다. 교사가 됐을 때도 공평함으로 학생들을 돌보았다. 돌아보면 내 창작의 원동력은 결핍과 불화와 고통이 아니었나 싶다.

오늘도 약자를 품는 아름다운 그 오디션, 숨겨진 자아와 능력을 이끌어 내주는 심사위원들에게 공감하며, 인간은 서로의 호의에 기대 산다는 생각을 다시 하게 된다. 사회의 재생 능력은 호의에서 비롯된다.

3

석모도의 선의
낡은 울타리
수다 한 판
곶감 잉투기
각 잡고
카나리아
공감의 벽과 문
성가신 질문일까

석모도의 선의

삶이 한창 순항하고 있었다. 일요일 아침 일찍 집을 나섰다. 가벼운 차림으로 서울역에 도착해 자옥이와 명희를 만났다. 학술 답사 여행으로 강화에 다녀온 적 있으니 두 번째 함께하는 뱃길이다. 하지만 이번 길은 좀 다른 뱃길이다. 먼저는 전등사 답사였지만 이번엔 강화도 곁에 있는 석모도행이다.

석모도엘 가려면 강화도 외포리에서 출발해야 한다. 그러나 우리는 정기 운항로가 아닌 다른 방법으로 도착했다. 그날은 석모도 보문사 불상 봉안 예불에 참석하러 가는 일이었고 인천에서 해군의 함선이 떴다. 기차로 인천에 도착한 우리는 함선의 선장을 잘 아는 자옥이 덕에 승선의 행운을 누렸다.

그날 참 잊지 못할 일이 일어났다. 우리가 승선하기 전 수병 하나가 배에 휠체어를 펼쳤다. 그땐 보기 드문 물건이었다. 해군 정복에 견장까지 갖춘 군인이 한 여인을 안고 올라가 그 자리에 앉혔다. 자옥이가 우리 귀에 속삭여 줬다. 저분은 다리를 못 쓰는 분이고 군인은 남편이며 그는 이 배의 선장이라고. 낯선 충격이었다. 부인을 아끼는 선장의 사랑이 뭉클했다. 견문이 좀 더 넓어진 순간이었다. 서로 사랑하는 자비를 체험했달까. 항해는 순조로웠고 분위기는 신심 깊은 부부로 해서 정토(淨土) 안에 든 느낌이었다.

바다를 바라보고 앉은 보문사는 조촐한 절이었다. 해인사, 범어사, 직지사에서 눈이 넓어진 우리에겐 적어도 그랬다. 학생 시절 보살계를 받고 불자 리더로 활동해 온 자옥이로 해서 우리는 눈 호강을 많이 했다. 게다 보문사는 3대 기도처 중 하나라는데 우리는 이미 남해 금산 보리암, 오대산 적멸보궁을 다녀온 처지였다. 사람 웅성대는 곳이라면 내켜 하지 않는 내가 거길 냉큼 따라간 건 아마 3대 기도처란 말에 유혹받은 게 아니었을지.

비록 절은 조촐했으나 행사는 인산인해를 이루었다. 내세 복을 발원하는 불자가 이렇게 많구나, 놀라웠다. 헬리콥터도 떴다. 영애 박근혜가 도착했다는 소식이 썰물처럼 지나갔다. 사람에 멀미가 난 우리는 한쪽으로 비켜섰기에 멀리서 지켜보았을 뿐, 그를 직접 보지는 못했다. 삼배 후 독경이 울리고 법문이 베풀어진 뒤 예불의 결과, 그 공덕을 만물에 회향하고 행사가 끝났다.

그 뒤 일어난 일은 완전한 반전이다. 강화 외포리에서 배 타고 섬 동쪽 석포항에 내려 섬을 가로지르는 산을 넘어온 대중이 절 앞바다에 배가 정박해 있다는 소문을 듣고 해변이 하얗도록 밀려 내려왔다. 함선일망정 소형 선박이었다. 모두 승선하기는 불가한 일, 줄도 없이 엉켜선 사람들로 해서 출항이 불가능했다. 사람멀미로 넌더리가 났다. 이 사람들이 조금 전 만물을 위해 회향하는 예불을 마친 사람들 맞아? 인간의 양면성이 뼈 때리는 순간이었다. 그야말로 모든 것이 공(空)이었다.

시간이 흐를수록 더욱 수습할 수 없는 상황이 되어 난감해하는 선장에게 참다못한 내가 나섰다. 세금 내고 사는 국민이라면 누구나 공평하게 기회를 누려야 하지 않겠나, 저들을 나무랄 수는 없다, 배 하나를 더 징선할 수 없겠냐고. 진퇴양난에 빠진 선장이 진땀 흘리며 몇 시간 걸려 연락한 결과 배가 하나 더 오기로 된 뒤 인파는 겨우 풀렸다. 일단 배를 타고 왔던 사람들이 먼저 배에 오르고 남은 자리를 채우는 나름 질서 의식이 발휘돼 겨우 일이 수습됐다. 연꽃같이 조용했던 그의 부인이 정말 안쓰러워 보였다. 무자비(?)한 인파에 그녀를 보호해야 하는 선장은 얼마나 황망했을까. 그에게 고맙단 인사도 변변히 못하고 하루가 뒤죽박죽 끝났다.

내 기억에 이 일은 아비규환도(阿鼻叫喚圖)로 남았다. 그 선장에겐 어떤 기억이 됐을까. 재앙이 아니었을지. 그가 부인을 위해 개인적으로 함선을 사용했는지, 큰 불사(佛事)에 불자 수병들을 인솔하는 김에 부인을 동반했는지, 어느 쪽인지는 모르겠다. 6, 70년대 인제 부근의 부대장이었던 외사촌 오빠를 통해 알게 된 그즈음 육군의 경우, 원통 근처의 사단장은 군 헬리콥터로 서울 냉면을 공수해 먹으며 무용담 자랑하듯 여름을 난다고 했다. 그 시절 군 기강이 그랬으니 함선의 사용(私用) 여부는 그리 중요하지 않다. 어쨌거나 그가 일부 일반인의 승선을 허락했던 건 불자로서의 선의였을 것이다. 그 선의가 사정없이 뭉개진 결과가 어떤 기억으로 그에게 흔적을 남겼을까. 욕망 앞에 선의는 무력했다.

요즘 와서 그 일이 다시 떠오르면 더욱 미안한 건 그때 내가 주장했던 공평이 과연 옳은 주장이었나 하는 점이다. 아마 그 선장은 자신의 호의가 그렇게 마무리될 줄 몰랐을 것이다. 함선 타고 왔다고 자랑질하는 대중이 있을 수도 있다는 걸 예측할 수도 없었을 것이다. 주말 불사를 호젓이 다녀오려 했던 일이 호의를 베풀다 졸지에 날벼락이 된 거 아닌지, 책임자로서 상부로부터 어떤 지적이나 받지 않았는지…. 그의 입장에선 정말 당혹스러운 일이었는데 나는 거기에 공평을 내세웠다. 공평하다는 것이 과연 진정한 선일까. 살아오며 공평의 이름으로 저지르는 냉혹한 결과, 폭력이 돼버린 공평을 무시로 보았다. 정치 도구로 쓰이는 공평도 보았다. 살아 놓고 보니 확신으로 말할 수 있는 것은 아무것도 없었다. 무모하고 섣부른(?) 용기로 새되게 따지던 풋내 나는 여선생을 그는 기억할까. 삶이 난항을 겪을 때 가끔 그를 떠올린다.

낡은 울타리

 매일 걷는다. 그러다 보니 길에서 얻는 것도 제법 있다. 관찰한 걸 비교하며 생각을 정리해 보는 탓이다. 그중 하나가 길가의 담장들이다. 그걸 담장이라 불러야 하나, 울타리라 불러야 하나. 담장이란 뭔가 완강하게 느껴지는 것, 울타리란 그보단 좀 허술하고 정겹게 느껴지는 것이라면 되려나.
 어쨌거나 담들이 뉴욕과 참 다르다. 거기선 그저 가볍게 경계를 나눌 뿐이었다. 심지어 경계목조차 두르지 않은 집도 허다했다. 낮은 관목으로 안팎의 경계 표시 정도나 했달까.
 그러나 여기, 시애틀 근교에선 목까지 오르는 담을 빈틈없이 목재로 채워 집 안이 보이지 않는다. 뉴욕에선 이 정도 높이의 담은 주로 생목(生木)을 듬성듬성 심어, 보는 이의 시야를 배려해 줬다. 뉴욕 시민들이 이웃을 배려하고 생활을 개방하고 산다고 생각해 본 적 없으나 여기 와 보니 그 점을 인정하지 않을 수 없다.

왜 그런 차이가 생겼을까. 생활 습관 탓에? 자연환경 탓에? 두고두고 알아볼 일이다. 우선 여기선 담이 야무지게 여며 놓은 보자기 같은 느낌이어서 제법 완강한 느낌을 준다. 하지만 이웃을 아주 배려하지 않는 건 아니다. 비록 목재로 시야를 가리긴 했으나 흰색이나 베이지색을 칠해 보는 이의 거부감을 줄였다. 적어도 벽돌로 높이 쌓아 올리고 그것도 부족해 깨진 유리 조각을 박고 철조망까지 두른, 그런 무지막지한(?) 담은 아니다.

한데 만일 그중 한 집의 담이 검은색이라면 어떨까? 우선 두드러져 보이겠지. 두드러지는 정도가 아니라 튀겠지. 담에 대해 생각해 보게 된 소이다. 그런 담은 상식에서 벗어난 사람, 자신을 드러내기 싫어하는 스크루지 같은 느낌을 줄 게다. 어쩌면 단절된 고도(孤島)를 보는 느낌, 심지어 배신의 냄새도 나지 않을지. 역청을 발라, 쌓아 올린 벽돌같이.

하면 그 안의 사람들이 궁금해질지도 모르겠다. 완강하게 거절당하는 느낌에. 비로소 검정이 이기적인 색이란 걸 알게 됐다. 그래서 더욱 궁금증이 솟았다. 그럼 그 안에 사는 사람들은 그 담으로 해서 거친 세상으로부터 보호받는다 생각할까, 세상의 눈길로부터 자유로워졌다 생각할까. 세상을 거절하고 얻은 자유가 정말 자유일까. 담장 안의 자유, 담장 밖의 자유, 어느 게 진정한 자유일까.

사르트르는 결속과 사회 참여가 참자유라 했다. 심지어 자유란 형벌에 가까운 것이라 했다. 인간 그 자체로 존재하는 것, 그게 바로 형벌이라고. 그러니 담 두르고 산다고 자유로워질까. 거부하지도 말고, 보호하지도 말고, 존재를 존재로 그대로 내버려두는 도리밖엔 없을 것 같다.

그럼 담의 의미는 뭐지. 보호? 자유? 보호와 자유의 경계? 불가에선 해탈, 즉 벗어나야 자유를 얻는다고 한다. 기독교에서도 자기란 구속(拘束)을 벗고 하나님의 구속(救贖)을 얻어야 자유롭게 된다고 한다. 이렇게 듣보다 보니 담의 보호가 자유를 보장해 주지 않는단 사실이 경광등처럼 분명해진다. 자유는 스스로 벗어나는 것이다.

생각이 이어지다 보니 어린 시절의 시골 마을이 떠오른다. 거기엔 담이라기 보단 울타리였다. 풀이나 싸리나무로 엮어 느슨하게 세운 울타리. 엉성한 그 틈으론 작은 짐승들조차 들락거렸다. 토끼, 개구리, 간혹 손도 자유롭게 드나들었다. 아이들이 장난으로 주먹을 쑥 집 밖으로 내밀어 친구들을 희롱하며 놀기도 했다. 게다 훈육이 필요할 경우, 아버지는 엄하게 외쳤다. 가서 회초리 꺾어 와. 그러면 아이들은 울타리에 가서 싸릿가지를 꺾어 공손히 대령했다. 하여 목침 위에서 종아리 맞고 손등으로 눈물을 문지르며 세상 경계(境界)를 깨달아 갔다. 삶에선 담보다 그저 이런 정도의 울타리면 족하지 않을지.

검은 담으로 해서 공상이 느는 요즘이다. 만일 이 나이에 다시 집 지을 일이 있다면 싸리나무를 심어 울타리 삼으리라. 참싸리에 물싸리를 섞어 심어 4, 5월이면 금계국 노란 꽃을 6, 7월이면 홍자색 꽃을 즐기리. 한 철 꽃 지면 열매 달려 여름 동안 자라고 가을에 맺어 아름다움을 더하리. 회초리로 선 겨울, 그 또한 운치 있을 것이다. 고향을 마당에 들인 듯 푸근할 것이다.

오가는 사람들도 꽃을 즐기고 열매를 즐기리. 눈 내리는 겨울이면 그 싸리를 솎아 베어 채반도 엮고, 소쿠리 광주리도 엮으리. 그리하여 봄이 오면 화전을 부쳐 채반에 담아 이웃과 즐기리. 봄나물을 삶아 소쿠리에 널어 말려도 좋으리. 여름이 오면 앞마당에서 국수를 삶아 광주리에 얹어 물기를 빼, 나물비빔국수를 만들어 먹으리. 김장배추 씻기에도 요긴하게 쓰이리. 그런 삶 속에선 삶이 결코 부패하지 않으리. 그리하여 시간이 헌옷처럼 편하게 흘러 울타리가 낡아지면, 나 또한 낡은 울타리로 돌아가리. 다소곳이 벗어나 시간과 자연에 저절로 녹아가는 지혜가 자신을 기쁘게 하리니.

그리고 시간이 더 많이 흐른 어느 날 아주 낡아 울타리가 주저앉으면, 바람도 구름도 지나고 달도 걸터앉고 별도 내려앉아, 매인 곳 없이 옛이야기를 나누리. 그때 내가 정말 거기 있게 될까. 그러기에 담은 이것과 저것을 구별하는 표지 정도로의 울타리면 족하지 않을까 한다.

오늘도 나는 낡은 울타리 하나 마음에 품고, 꿈꾸며 그 길을 걷는다. 생각 속의 검은 담엔 벚나무가 세상을 기웃이 내다보고 있다. 바람이 불면 화르르 날아 순식간에 세상을 하직할 꽃잎들이 화려한 자태를 서로 겨루며.

수 다 한 판

　어머니, 그 얘기 들으셨어요? 부엌에 갔을 때 며느리가 말했다. 무슨? 한국에서 일어난 학교 얘기예요. 학생들 야외 학습 알림장에 중식은 학교에서 준비합니다, 써 보냈대요. 학부모에게서 어떤 반응이 일어났다고 예상하세요? 글쎄에. 우리 아인 중식을 싫어합니다. 아예 안 먹는데 다른 걸로 준비해 줄 수 있나요, 했대요. 하하, 중간 식사란 말을 중국식 음식으로 알아들었구나. 우리는 합창하듯 웃었다.
　그 중식이란 말이 하긴 웃기지. 중식이란 말을 쓰기 시작한 건 한국에서 새마을운동이 일어난 후 먹고살 만해져 마을 단위 단체 관광 붐이 한창 일어날 때였는데, 그 풍습이 일본의 영향으로 온 건지, 중식이란 말도 같이 건너왔어. 관광은 이동하며 하는 것이니 이동 중 필요할 때 중간 식사를 한다는 뜻이었는걸. 그게 그렇게 오래된 말이었어요? 몰랐어요. 점심이란 말 대신인 줄 알았어요.
 내가 어렸을 땐 먹을 게 부족했기에 점심이란 말도 잘 안 썼어. 전쟁 직후, 그땐 모두 시계가 없어 마을에서 사이렌을 불어줬어. 밤 12시 자정에 울리면 통행금지, 낮 12시 오정에 불면 점심 먹어라, 이런 뜻으로. 오정이란 말 들어본 적 있니? 아니요. 자정은 알지만 오정은 들어본 적도 없어요. 그래서 그땐 아이들이 떼쓰고 울면 사이렌 소리처럼 시끄럽다고, 오정 분다, 밥 먹어라, 놀렸어. 하하. 그런 일도 있었군요. 옛날얘기 같아요.
 소비가 점점 더 세련되어 가 요즘엔 마을 단위 버스 단체 관광도 드물어. 생활 습관도 바뀌어 중식이란 말도 잘 안 쓰게 돼 일어난 일이니 없어진 말이 얼마나 많겠어. 하지만 아이들로야 못 들어본 말이겠지만 부모들조차 못 들어 본 말이 되면 대체 생활 문화가 얼마나 바뀐 거야. 그러니 두부 한 모판도 못 알아듣겠다. 한 모판이요? 응. 두부 판매 단위가 어떻게 된다고 생각하니? 판매 단위가 있어요? 그냥 마켓에서 한 컨테이너 들고 오면 되는 거 아니에요? 하하, 옛날엔 두부를 가게에서 잘라서 한 모씩 신문 종이에 싸서 팔았어. 그래서 여러 모를 담은 판을 두부 모판이라고 했어. 한 모판이 두부 30개였어. 그건 더 옛날얘기, 동화책에 나오는 얘기 같아요. 신문지에 두부를 싸서 팔다니요.

두부뿐이니. 콩나물 한 줌도 구멍가게서 샀어. 물론 쭉 찢은 신문지에 싸 줬지. 새끼줄에 엮어 연탄 한 개도 팔고. 연탄요? 가스 냄새로 사람이 죽기도 했다던 연탄요? 연탄 본 적 있니? 아니요. 옛날 TV 드라마에서 본 적은 있지만 실제로 본 적은 없어요. 그러니 없어진 게 도대체 얼마예요.

하긴 늘 먹고 싶다고 타령하는 주염떡을 사전에서 찾아보니 전에는 표제어로 나와 있었는데 요즘엔 빠졌더라. 낱말이 사라지면 그 실체도 사라지는 것. 이름을 불러줘야 꽃이 된다잖니. 앞으론 주염떡을 어디 가서 먹어 볼까. 주염떡 잘 만드는 큰이모 돌아가시면 그나마도 잊히고 말겠지.

또, 말 가운덴 너와 나만이 사용하는 어휘도 있게 마련인데 사람이 바뀌고 사라지면 말도 저절로 없어지게 되지. 예전에 외할아버지 살아 계실 적에 뭔가 채워지지 않고 정량에서 부족해 보이면 '헤실 났다'고 하셨는데 요즘 사전에 찾아보면 아예 표제어로도 나와 있지 않아. 아무리 말이 생겨나고 자라고 죽기도 한다지만 불과 백 년도 안 살았는데 이렇게 사라진 게 많다니. 시속 60마일로 달리는 고속도로 위에 생활을 펴고 살고 있는 것만 같지 않니. 서부 활극 영화 속에서 사는 것처럼 사방으로 총질해 대며. 전쟁이 일어난 전시도 아닌데 사람은 또 왜 그리 많이 죽는지. 일상이 그냥 전쟁 아니니. 출근하던 사람이 교통신호 대기 중에 총 맞아 죽다니 말이 돼? 이러다 방탄복이 출근복, 아니 일상의 외출복이 되겠다. 생때같은 목숨 잃은 사람들의 남겨진 가족들은 또 얼마나 애통할 것이고.

맞아요. 그러니까 어지럽고 갈등도 심해지고 잊어버리는 속도도 자꾸 빨라지는 것 같아요. 저보다 어머니가 더 기억력이 좋으시다니까요. 하하. 밖에 나가 온갖 것을 직접 부딪치며 살아내야 하니 왜 안 그렇겠니. 그 점 이해된다. 에구, 불쌍한 것들! 마지막 말은 속으로 삼켰다. 목숨 가진 우리 모두 불쌍한 것 아닌가. 수다는 즐거웠지만 끝맛이 왜 이리 아쉽고 씁쓸할까. 무척 속이 쓰렸다.

곶감 잉투기

곶감을 선물로 받았다. 때깔도 요염한 반건시다. 선명한 색깔에 가을로 빠져들 것만 같다. 순간 그 위로 고국의 가을이 내려덮인다. 여행길에서 만났던 감나무들이 줄지어 다가온다. 벌써 벌판은 비어 나무들은 잎을 떨구어 가는데 하늘에 윤곽선을 남기며 서 있던 감나무들. 그 풍경 속엔 한창 시절, 함께했던 친구들도 들어 있다. 몇 개 남은 저 감들이 겨울 까치밥이래. 감동을 나누던 목소리도 들려온다.

그때 말이다, 애들아! 그 광경은 헌신의 제의와도 같지 않았니? 새의 먹이가 되길 기다리는 감은 거룩한 제물, 아니 승화의 순간으로 보이기도 했어. 하긴 그보다 더한 승화는 곶감으로의 변신이 아니었을지. 아예 방법을 바꿔 탈바꿈하는 것이니.

농가는 감이 열리면 곶감 말릴 준비부터 했지. 껍질 벗기는 일이 시작이었어. 우리로선 언제가 껍질 벗을 때일까. 육십쯤 지난, 그때였을까. 더 이상 젊지도 않고 그렇다고 늙지도 않았던 그 무렵. 미처 낯선 역에 도착한 줄도 모르고 도착했던 그 전환기의 역. 이전에도 수없이 실수했듯 역시 잘 모르니 여전히 그게 실수인 줄도 모르고 껍질 벗기길 완강히 거부하기도 했지.

한데 껍질 벗긴 감이 그냥 곶감이 되는 건 또 아니더라고. 수분이 많아 잘 썩는 걸 두고 먹기 위해 만드는 보존식품이기에 절차가 필요해. 우선 수분이 3/1 정도 건조됐을 때 씨를 빼야 해. 잘 마르기 위한 필수 과정이니. 그런데 우리는 멋도 모르고 씨 빼기도 거부했잖아. 꿈과 욕망이라는 인간의 씨가 그리 쉽게 빠지지 않더라고. 아무튼 씨 빼고 모양을 매만져 몇 번의 성형도 거쳐야 해.

생감에서 곶감으로 몸을 바꾸며, 건조대에 매달려 몸을 스치는 바람에 까무룩 밤을 지나며 서서히 말라가는 곶감이 눈에 보이니? 곶감 속에서 꿈틀거리고 있는 내가 보이는 듯하네. 자아를 빼내기 싫어하는 본능, 저항의 본능이었겠지. 그러나 시간이 지나면 결국 별수 없이 거의 건조돼 있는 모습이 드러나게 되네. 그때 시간과 바람과 온도에 제대로 적응하지 못하면 과육이 굳어지고, 건조가 부족하면 곰팡이가 생기니 알아서 치열하게 수분을 잘 날려야만 해.

이러다 보니 현실 속의 우리는 곶감보다도 못한 존재일지도 모르겠단 생각도 드네. 곶감은 때깔 좋게 변태나 되지, 우리는 냄새 나고 추레한 노인이라 외면당하기 일쑤. 게다 선거권을 제한한다는 둥, 노인은 집에 계시라는 둥…, 따뜻한 밥 먹여 길렀거늘 우릴 쉰밥 취급한단 말이지. 게다 노인의 소음도 참기 어렵다고 타박하는데 저희가 일으키는 더한 생활 소음은 용서가 된다는 건가.

아무튼 마지막 단계에 이른 곶감은 또 선택을 해야 해. 선택의 연속선인 삶. 완전 건조돼 표면에 시상, 즉 포도당의 흰 가루가 생길 때까지 버텨야 할 것인가, 반건시로 남을 것인가, 결정해야만 해. 즉 상품성을 노릴 것인가, 보관의 편리를 위할 것인가. 요체는 적응과 선택.

산을 오르내릴 때 발 지지할 곳을 확보 못하면 삶이 지지해지는 것처럼 우리는 노련하게 선택해야 해. 또한 원칙도 세워야 해. 노년의 숙성을 위해 노여움을 노골화하지는 않는다. 남들 뛰어간다고 나도 뛰지 않는다. 뛰는 걸 넘어 날아갈 사람도 있는 것처럼 제 호흡대로 천천히 걸어서 가고 싶은 사람도 있는 것. 이렇게 보암직한 노인이 될 것인가, 민폐로 남을 노인이 될 것인가, 선택과 적응을 거쳐야 해. 정말 삶의 투쟁은 끝이 없어. 그러다 보니 생각나는 말이 있네. 10년 전쯤인가 인상 깊게 들어본 말, 잉투기.

젊은이들이 취업 준비가 어렵다며 경쟁에서 뒤처진 자신들을 잉여라고 부르던 사회현상이 있었지. 풍요로운 사회에서 자신들은 쓰고 남은 찌꺼기 잉여이며, 주류에 편입되지 못한 찌질이들이라고. 남아도는 인생, 낭비하는 청춘이라고 자조, 비하하여 이런 상황을 잉투기라고 불렀어. 이때 잉투기는 잉여들의 격투기를 줄인 말 같지만, 사실은 'ing+격투기'로 나는 아직 싸우는 중이라는 뜻이라나. 생산적인 일을 못한 것이 스스로를 잉여로 느끼게 했다는 건데, 그게 하나의 문화 코드가 됐다면 우리야말로 그렇지 않은지.

노년의 비애와 무력과 비하와 싸워야 하고 신기계 문명과 싸워야 하는 우리야말로 잉투기 중에 있는 것. 젊은이들이 잉투기를 겪는 것처럼 하나 다르지 않게 우리도 뼈 아프게 잉투기를 치르고 있어. 아프니까 청춘이라고? 아프니까 노년이지. 잉여들의 전투기라는 점에서 청년 잉여 인간이나 노년 잉여 인간이나 다를 게 뭐람. 75세에 안락사를 권하는 일본 영화도 등장하는 세상. 빨리 죽으라니 너무 아프다. 하지만 삶은 저항이 본질인 걸 어떻게 포기해?

우리의 전성기는 언제였을까. 동갑내기 힐러리가 대선 후보가 됐을 때? 윤여정이 오스카상을 받던 순간? 이처럼 전성기는 각자 달라서 이르게도 늦게도 오는데 이를 일괄하여 무능력자, 비활성 인간으로 비하한다면 이건 삶을 통찰하는 안목이 부족한 거 아닌지.

　이제 곶감의 시간이다. 바람과 타협하여 떫은맛을 뺏으니 바야흐로 탈바꿈의 시간이야. 곶감의 변신은 무한대. 요즘엔 호두나 잣을 박은 곶감말이가 레트로 요리 장식으로 신선하게 쓰여 미소 짓게 하더라. 변태에 성공한 건데, 우리도 곶감 씨 빼듯 오장육부를 비워 삶을 재구성해야 하지 않을까. 호랑이도 이겨 먹은 곶감인데, 감히 우리에게 어딜.

　내 과시가 우습다고? 곶감 속 물질 포타슘이 몸의 독소를 내보내는 일을 하는 것처럼 우리도 유익한 곶감이 되어 서로에게 선물이 되어 만나자, 얘들아! 마지막 시선은 어느덧 돌아올 수 없는 길을 먼저 떠난 친구들에게로 향해 뭉클한 그리움을 불러왔다.

각 잡고

　　(　　　) 이 자리에 어떤 문장을 넣어야 출발의 문장으로 가장 어울릴까. 앞에 놓인 두 개의 빈 그릇을 비교하다 어떤 충동이 머리를 비집고 들어왔다. 원고지 빈 칸 구덩이에서 옛날에 순장된 달을 만났다던 어느 시인의 충동이 이런 것이었을까. 그러자 비었다는 동사에 생각이 미쳤다. 비었음을 충족시킬 문장이 있을까. 지금 내 앞에 놓인 빈 그릇은 화분과 장식용 도기다. 둘 다 형식은 그릇이다. 두 개의 오브제다. 물체 본연의 존재 방식인 오브제. 예술과 생활의 경계를 모호하게 만드는 역할을 하는 오브제. 그러나 내게 도착한 과정은 다르다.

　　빈 화분은 김 선생님에게 받은 것이다. 가지고 있는 화분을 해가 넘도록 분갈이를 안 해줬더니 내 게으름이 답답했던지 화분을 배달시켰다. 장식용 도기는 친구에게서 받은 걸로, 제가 속한 시모임에서 행사 치르며 만든 기념

도예품이란다. 책상에 올려놓기엔 자리를 차지해 책장으로 옮겼다. 책장에서도 그 도기는 한 칸을 다 차지했다. 크기가 커서가 아니라 거느리는 아우라가 커서 곁에 무엇을 두어도 다 잡동사니로 만들었다. 두 그릇에 흥미를 느끼게 된 이유였다.

말하자면 이것들이 다 선물이었다. 분갈이를 안 해준 스파티 필름도 저서 출간 축하로 받은 선물이고, 장식용 도기도 한국 방문 중 친구에게서 받은 선물이다. 이제 빈 화분은 흙으로 채워져 스파티 필름을 품고 길러내게 될 것이다. 흙과 물과 햇빛만 채워주면 식물은 자란다. 그러나 장식용 도기는 아무것도 품지 않고 공간만 거느리게 될 것이다. 빈 채로.

해가 넘도록 분갈이를 안 해주고 버틴 배경엔 곡절이 있다. 뉴욕에 도착했을 때 환영의 뜻으로 화분 몇 개를 선물 받았다. 그것들이 자라며 분갈이를 통해 12개의 화분으로 늘어났다. 이웃에게 나눠 주고도 그랬다. 23년 동안 천장에 닿도록 키도 자랐다. 시애틀로 이주하며 비행기에 싣고 오기도 뭣해 그것들을 다 버리고 왔다. 자식도 묻었는데 식물쯤이야 하는 심사로. 하지만 막상 해보니 그게 아니었다. 생명을 처리하는 일은 추위에 덜덜 떨 듯 몸 떨리는 일이었다. 고사리 목 하나 못 꺾는 주제에 감히 그런 결심을 했다니. 그 후 식물을 기르지 않기로 굳게

작정했다. 생명과 엮이지 말자. 하지만 또 이렇게 묶이고 말았다. 생명이 생명으로 엮이지 않으면 무엇으로 살랴 싶지만 되풀이되는 인연이 서글프기 짝이 없다.

이별의 기억을 불러일으키는 선물들, 침묵으로 존재하는 빈 화분과 장식용 도기를 통해 지금 내 내면의 시선은 이별이란 본질에 대해 더 깊이 내려가게 된다. 이별이란 무엇일까. 삶을 비워내는 행위일까. 삶의 일정 시간이 채움에 해당한다면 그 뒤 일정 시간은 비움의 시간이 따라온다. 비움과 채움의 반복적 행위가 우주화하면 윤회가 되는 걸까. 그 추상적인 연결에 목 메이게 꽈악 솟구치는 서글픔.

친구에게 받은 도기도 그런 서글픔의 그림자가 연결된다. 거느리는 아우라가 커서 주변인을 다 잡인으로 만들던 명희의 그림자다. 신입생 시절, 우리 과에선 귓속말 같은 소문이 퍼져 나갔다. 아무개는 늘 혼자 다니는데 의외로 외로워 보이지 않는다고. 이 말을 뒤집으면 별종이란 얘기였다. 내 기억에 그 애의 첫인상은 주황이었다. 같은 과니까 동선이 거의 겹쳐 어딜 가도 그 애가 보였는데 그 입은 주황색 스커트가 도드라져 사람보다 주황색이 먼저 보였다. 그러지 않아도 봄 멀미로 짜증내던 내게 눈앞을 오가는 주황색은 몹시 부담스러웠다. 하지만 친구가 된 뒤, 그 애는 등을 덮는 내 긴 머리가 부담스러웠단다. 2년이나 쉬다 간 학교여서 그때 나는 머리가 길었다. 모두 단발인 신입생 속에서 내 긴 머리는 똑같이 별종으로 보였겠지. 그 후 4년간 둘은 그림자처럼 붙어 다녔다. 나이 먹고도 태평양을 사이에 두고 그리워했다. 너와 대화를 나누면 언어가 닦이는데, 라며 서로 아쉬워했다. 그러나 이번 한국 방문에서 그의 타계 소식을 들었다. 더구나 이 도기를 준 친구가 명희의 친구이기도 해, 이래저래 엮인 이 인연 언저리엔 명희의 그림자가 어차피 어른거린다. 어차피 헤어진다는 서글픔이 붓이 되어 어둑신하게 가슴을 칠한다.

《서동시집》에서 괴테는 은행잎을 통해 본질에 대해 말한다. 두 개의 잎이 하나로 자란 것 같은 모양을 가진 은행나무 잎은 하나인가, 두 개인가. 즉 두 쪽으로 갈려 있는 이 잎은 본래 한 몸인가, 사람들에게 하나로 보이는 이것은 본래 두 개인가. 하나이면서 동시에 두 개인 그것을 통해 그는 사물의 깊은 의미는 그것을 아는 이에게만 드러난다, 고 주장한다. 이에 비유해 말하면 지금 이 두 그릇의 본질은 선물이란 하나의 몸을 가지고 있다. 그러나 쓰임에 따라 각기 다른 모습을 드러내게 될 것이다. 아마 빈 화분엔 흙이 채워지고 스파티 필름을 길러내게 되겠지. 도기는 지금처럼 앞으로도 공허를 담고 공간을 채우겠지. 아무 쓸모없는 글을 쓰고 있는 나처럼 허망하게, 오직 시로 삶을 채우고 간 명희처럼.

그러기에 내 안은 절반이 공허로 비어 있다. 앞으로 나 또한 뭔가를 길러내는 화분보다는 공간만 차지하는 오브제 노릇을 하게 되겠지. 스푸마토 기법으로 그린 그림처럼 어딜 가도 애매하게 자리를 차지하는 존재가 되겠지. 모든 물상은 오브제가 될 수 있다. 오브제 가운데는 여럿이 모여 더 나은 오브제를 만드는 것도 있고 혼자만의 아우라를 발산하며 주변에 다른 오브제를 거느리지 못하는, 각 잡고 혼자만의 아우라를 거느리는 것도 있다. 인간도 그렇다. 협업이 되는 사람, 혼자 빛나는 사람.

예술에선 다의성을 중요시 여긴다. 사물의 의미를 다양하게 부여하고 영적인 공간을 확장시키는 것이 예술이기에. 그러나 비었다는 묵시를 읽을 마음의 눈이 있기나 한 건가. 빈 상태를 채울 문장이 과연 있기나 하나. 그러니 이 아이러니를 그냥 비워 둘밖에…. (   ).

카나리아

땅이 열리고 있다. 요즘은 기사 제목에서 이런 핵폭탄급의 자극적 문장을 자주 만난다.

새벽부터 거센 빗줄기로 하루를 연 1월 19일 프레지던트 데이에 남가주 일부 주민들은 고지대에 있는 주택가와 산책로 등에 밀려온 진흙 더미로 홍역을 치렀다. 아침부터 산 위쪽에서 떠밀려온 진흙으로 인해 주차된 차량이 대파되는 등 피해를 보았다. 지반 침하 가능성에 대해 주정부 차원의 지원과 복구책이 절대적으로 필요한 상황이다. 이 상황에 대한 미디어 인터뷰에서 시장은 땅이 열리고 있다며 수백 에이커에서 이런 조짐이 감지되고 있으니 지반의 변화가 느껴진다면 곧바로 대피해야 한다고 말했다.

주로 기후 변화로 일어나는, 상상하지 못하던 피해에 개별적 인간은 할 수 있는 일이 별로 없다. 동해의 해안선이 사라지고 베네치아 도심이 70% 침수가 돼도 인간이 할 수 있는 일은 한정돼 있다. 일상이 깨지는 고통에 대해 그저 한 마리 새처럼 비명을 지르는 게 전부다. 찌찌찌 찌르르~.

이보다 더한 일도 있다. 지난해 12월 말 TV 뉴스는 지구 곳곳의 자연 변화에 속보를 쏟아냈다. '하늘 땅이 열려버린 지구, 전조 현상은 끝났다'란 제하에 불의 대지, 오로라 사라진 붉은 하늘, 치솟은 용암. 짧은 제목으로 아이슬란드에서 일어난 화산 폭발을 보도했다. 같은 날, '도망칠 데도 없었어요.' 제하의 중국 간쑤성 강진은 최소 118명이 사망했다는 보도였다. 또 '활주로 항공기도 밀린 초강력 폭풍, 미 동북부엔 한겨울 폭우' 제하의 보도도 있었다. 화산 폭발, 강진, 초강력 폭풍과 폭우, 불과 하루 이틀 사이에 동시다발적으로 일어난 전 지구적 상황이었다. 불가항력의 이런 다양한 현상 앞에 인간은 무엇을 해야 하나. 일상을 파괴하는 변화에 어찌 대처해야 하나. 무력하게 한 마리 새처럼 울고 있어야만 하나. 찌찌찌 찌르르~.

12월 북극에서 내려와 동북부에 머물던 한파는 미 전

역으로 전해져, 1월 중순이 되자 약 9천500만 명이 한파 경보와 주의보, 경계령을 받았다. 오대호 인근, 북동부 지역 폭설은 물론 버펄로에선 2피트 폭설이 예보됐고, 몬태나, 노스다코타, 사우스다코타주에서는 바람이 강하게 부는 탓에 체감온도가 영하 56도(화씨 영하 69도)까지 떨어질 것으로 예보됐다. 3년 전 이례적 한파를 겪었던 텍사스도 예외는 아니었다. CNN은 미국 인구의 75% 이상이 앞으로 일주일간 영하의 기온을 경험할 것으로 전망했다. 이 외에도 캠핑카 안에서 불을 피우다 나무가 쓰러져 발생한 화재, 난방으로 인한 전력 수요 급증, 대규모 정전, 등으로 야기된 사망 사고가 미 전역에 걸쳐 동시다발적으로 보도됐다. 땅이 열리고 있다는 표현보다 지옥이 열리고 있다는 표현이 오히려 더 실감 난다. 걷잡을 수 없는 자연 변화, 두렵다. 심란하기 그지없다. 그냥 재앙 측정기가 되어 적응하며 일상으로 알고 살아가야 하나. 막장 속의 새 한 마리처럼? 찌찌찌 찌르르~.

북극에서 내려온 한파로 시애틀 지역도 예외는 아니다. 올겨울 기록적 추위를 겪었다. 태평양에서 밀려오는 저기압이 남북으로 벋친 캐스케이드산맥에 부딪쳐 비가 되어 내리기에 늘 비가 오는 단점은 있지만 반대급부로 특별히 기온의 변화는 많지 않은 이곳이다. 연중 영도 이하로 내려가는 일이 드물다. 눈이 1인치만 와도 교통 대란이 일어난다. 그래서 비가 오지 않는 5월부터 9월까지는 이곳을 천국 아래 999국이라고 농담도 한다. 이런 곳에서 올해 영하의 날씨를 체험했다. 심지어 섭씨 11도까지 내려가 쓰레기 수거차가 오지 않고 학교도 문을 닫았다. 집에서 놀게 돼 심심한 아이들, 그러나 어디 놀러 가자거나 여행 가자는 말도 꺼내지 않는다. 대신 컴퓨터 자판에 불이 났다. 인터넷으로 친구들을 불러 게임하며 흥분해 소리치고 논다. 세 아이가 거실에서 그리 놀면 무척 시끄러웠을 터인데 각자 방으로 컴퓨터를 들고 들어가버렸다. 그런 아이들로 해 참으로 착잡한 심경이 된다. 우리는 6개의 재앙 측정기에 불과하구나 싶어 목이 칼칼해 온다. 혼술 하려고 맥주를 찾아 들고 방으로 들어오는데 방방이 각기 떠드는 아이들 소리가 혼자 우짖는 새소리로 들린다. 찌찌찌 찌르르~.

이 일에 대해, 용의 눈동자에 점 하나 더 찍은 일은 강원도 지역의 보도였다. TV는 가정집 안으로 뛰어든 야생 고라니를 보여줬다. 화면은 뛰어들어 누운 뒤 눈물을 흘리는 고라니의 모습을 잡아 확대해 보여줬다. 졸지 간에 고라니의 방문을 받은 주인의 황당한 모습도 비쳐졌다. 폭설로 먹이가 없어 사람을 찾아오는 거지요, 얼마나 굶었는지 탈진해서 하루가 지나도록 움직이지도 못하네요. 측은한 얼굴로 그가 설명한다. 그 고라니 한 마리뿐이겠나. 폭설 속에 산속의 동물들은 다 어디로 갔을까. 무얼 먹고 살까. 동면을 생화(生化) 수단으로 삼지 않는 모든 동물에게 이런 기후 변화는 재앙일 것이다. 진정 전 지구가 막장이 되고 인간과 동물은 재앙 측정기 역할밖에 할 수 있는 일이 없는 걸까. 오늘도 지구 어디에선가 생명이 한 마리 소심한 새가 되어 점(點) 점(點) 점(點) 떨어지고 있을 것이다. 찌찌찌 찌르르~.

"민족이 민족을, 나라가 나라를 대적하여 일어나겠고 처처에 지진과 기근과 온역과 전쟁이 일어날 터인데 이런 일들은 다만 시작일 뿐이다."

트럼프의 재등장과 차르가 된 푸틴, 황제가 된 시진핑, 그 계열의 막내 김정은을 주역으로 쓰셔서 세계 질서를 개편하시겠다는 세상을 만든 분의 의지가 선명하게 읽힌다. 예언의 말씀에 그저 주저앉아 우는 일 외엔 할 수 있는 일이 없는 걸까. 찌찌찌 찌르르~.

공감의 벽과 문

-타자의 슬픔 끌어안고 공감하기

트럼프, 이민자를 악어 먹이로

  도널드 트럼프 전 미 대통령이 내년 대통령 선거를 앞두고 불법 이민자 문제 해결에 악어를 동원하자고 주장해 논란을 빚고 있다. 21일 미 허핑턴포스트에 따르면 그는 전날 자신의 SNS 트루스소셜에 악어 6마리가 찍힌 사진과 함께 '문제 해결!'이라고 적은 게시물을 올렸다. 악어 사진에는 '새로운 국경수비대가 먹이를 먹이려 일할 것'이라는 문구도 담겼다.
  불법 이민자를 악어에게 먹이로 주자는 그 거친 표현은 그가 주장해 왔던 강경한 불법 이민자 문제 해결 의지를 다시 내비친 것으로 해석된다. 그는 재임 시절에도 불법 이민자들의 유입을 막기 위해 멕시코 국경에 거대한 장벽을 설치하자고 주장했고 실제 일부 지역에는 이런

거대한 벽이 세워지기도 했다.(하략)

― 〈시애틀앤〉 (9/22/2023)

미 텍사스주 또 이민자 재난 선포

(상략) 이민자 강경 정책을 펼치는 그레그 애벗 텍사스 주지사는 국경의 불법 월경자 급증으로 지역이 재난 위협에 놓였다며, 2년 전 국경 지대에 내린 재난 선포를 또 갱신했다. 두 나라를 잇는 교량 중 한 곳도 일시 폐쇄됐다. 샌디에이고와 엘패소 등 다른 국경 도시에도 이민자가 몰리는 추세라고 AP는 전했다.

이런 가운데 주멕시코 미 대사관은 멕시코 유명 코미디 캐릭터가 등장하는 불법 이민 억제 홍보 동영상을 전날 소셜미디어에 게시했다. '키코'라는 캐릭터를 연기한 배우 카를로스 비야그란은 해당 영상에서 불법 이주민을 이동시키는 데 쓰이는 트레일러를 가지고 놀다가 "코요테(불법 이민 브로커를 뜻함)가 모두를 망가뜨린다. 코요테 저리 썩 가버려."라고 외치고 있다. 코요테는 이민자를 상대로 한 인신매매·갈취 범죄와도 직결돼 있다.

이를 두고 현지에서는 메시지 전달 방식이 너무 이상하다는 식의 부정적 반응이 나오고 있다고 일간지 〈엑셀시오르〉와 〈엘우니베르살〉은 보도했다.

― 〈연합뉴스〉 (9/22/2023)

'토착 동물'로 분류된 6만 년 역사
원주민 '인간 지위' 인정될까

　호주 원주민의 권리를 인정하고, 대변하는 기구를 설치하는 개헌안에 대한 찬반 국민투표가 다음 달 14일로 예정된 가운데, 개헌 반대 시위가 호주 전역에서 벌어졌다.

　(중략) 이번 개헌안은 지난해 총선에서 정권교체에 성공한 노동당의 공약에 따른 것으로, '애버리지널(호주 원주민)'과 토레스 해협 주민들을 호주 최초의 주민으로 헌법상 인정하고, 이들을 대변할 헌법 기구 '보이스'를 설립하는 것이 골자다.

　원주민들은 약 6만 년 이상 호주 대륙에 살아왔으나, 1788년 영국계 이주민들이 호주를 건국하고 헌법을 제정할 때 명확한 헌법상의 권리를 보장받지 못했다. 헌법 제정 당시엔 사람이 아닌 '토착 동물'로 분류됐다. 이번 개헌이 성공할 시 이들은 호주 건국 전부터 대륙에 살았던 '인간'으로 인정받게 된다.

　개헌을 지지하는 쪽은 보이스가 원주민의 건강, 교육, 고용 환경 등을 개선하고 국가 통합에 도움이 될 것이라고 주장한다. 그러나 반대파는 이번 개헌이 호주인을 인종에 따라 분열시키고, 원주민 단체에 과도한 권한을 부여할 수 있다며 맞서고 있다. (하략)

-〈한국일보〉(9/23/2023)

작고 창백한 푸른 한 점에서 숨죽이고 살아가건만

신문을 읽다 보면 종종 이게 진짜 뉴스일까, 가짜 뉴스일까, 구분이 어렵다. 이민자를 악어 먹이로 주자는 발상을 한 자가 전직 대통령이라고? (혹시 정치 노이즈 마케팅인가. 자기 힘을 신으로 삼는 자 같으니.) 이민자들 이동 트레일러를 장난감 취급하며 희화화한다고? 원주민을 토착동물로 분류해 왔다고? 이를 믿어야 하나.

지금의 지구에서 가장 뜨거운 감자 중 하나는 이민자 문제다. 하지만 인간은 첫 자식 카인 이래 줄곧 떠돌며 유리하는 존재다. 이방인, 유목민, 외래인, 도래인, 귀화인, 이민자, 등 그들은 주거 조건을 찾아 우랄산맥도 넘고 베링해협도 건넜다. 뱃길로 베트남에서 인도에서 한국까지 가서 씨족을 보존한 가문들도 있다. 공자 54대손은 고려로 와 한국인이 됐고, 82대손인 내 아들은 한국인으로 미국에 와 미국인이 됐다. 이처럼 섞여 사는 것이 삶의 한 방법이다. 이제 와 그걸 막는다고? 게다 트럼프 자신도 피장파장의 독일계다. 인간의 지위와 주거의 자유는 천부적이어서 배척이나 격하만이 해결 방법은 아니다. 출애굽 이래 성경은 줄곧 말하고 있다. 너희가 이방인이었음을 잊지 말라고.

더욱이 호주는 이민자의 나라다. 영국인들이 몰려가 원주민을 토착 동물로 격하시키고 그들다운 삶을 빼앗았다.

트럼프도 이민자들이 자기를 토착동물로 격하할까 봐 두려워 그러는 걸까. 모든 인간은 기본적 자유와 인간으로서의 존엄과 가치를 가진다고 유엔은 정하고 있다. 인류적 합의다. 어제의 나를 잊어버리고 오늘의 나만 내세워 누군가를 비하하고 혐오한다면 충돌은 그치지 않을 것이다. 어느 생명이든 동가(同價) 아닌가.

　이런 생각을 하며 오늘 아침, 현관문을 열었다. 순간 머리 위로 뭔가 툭 떨어졌다. 이어 발등으로 떨어진 그것이 재바르게 도망갔다. 찰나 발이 자동반사적으로 앞으로 나아가 그것을 밟아 문질렀다. 거미였다. 본능적으로 나 또한 내가 아닌 다른 생물을 이렇게 용납하지 못하고 있구나, 가슴이 내려앉았다. 자동 반사를 일으킨 발이 내 것 같지 않았다. 여기까지가 나의 한계구나. 지구 귀퉁이에서 그저 숨죽여 살아가도 일은 이리도 간단치 않음을 깨달은 날이었다.

성가신 질문일까

대여섯 살 적 막내 손자가 말했다. 물고기하고 밥 먹을래. 들을 때마다 우리는 엥? 하는 얼굴이 됐다. 물고기와 생선의 차이를 모르는 아이야 무심코 말했을 터. 지금 와 제가 생물을 먹겠다고 말했던 걸 기억이나 할지.

한국 여행 중 아이들을 따라 코엑스 아쿠아리움에 갔다. 도심 속 바다를 표방하는 그곳은 입구부터 거대한 수조로 장식돼 있었다. 세 아이는 대단한 흥미로 16개 구역 여기저기 돌아다니며 살피고 즐거워했다. 5천여 평에 벌려 놓은 설치물들의 규모가 어마어마했다. 650여 수종에 4만여 마리의 수중 생물들이 삶을 영위하고 있는 곳이란다. 세상 온갖 어류가 모두 전시된 것 같았다.

하지만 관람을 끝내고 나오며 어쩐지 뒷맛이 개운치 않았다. 그래 봐야 대형 어항들 아닌가. 바다에서 무한대를 느끼거나 해방과 신비를 느끼는 사람들도 있겠으나, 자신은 해변에 부딪힌 파도가 시퍼렇게 눈물 흘리며 물러가는 모습에 한계와 억압을 느끼는 쪽이라 그 부자연스러운 자유에 좀 답답한 마음이 됐는지도 모르겠다.

마음이 답답해지기 시작한 곳은 수달 전시관이었다. 큰 손자가 수달에게 무척 관심을 보여 그 앞을 지나쳐 갔다가도 다시 돌아가길 몇 번씩 하자 자연 마음이 쓰여 자세히 들여다보게 됐다. 붉은 조명 속의 수달들은 저희끼리 몸짓을 주고받고 쓰다듬으며 유리관 안에서 살고 있었다. '살고 있었다.'란 두 음절이 머릿속을 스치자 순간 연상돼 온 어떤 사실에 그만 꼼짝없이 붙들리고 말았다.

서양을 베껴 동양의 백인 행세를 하던 일본이 1900년대 초 박람회를 개최하며 조선인들도 전시했다는 사실이 왜 수달 위에 겹쳐 보인 걸까. 일본의 박람회 목적은 자신들의 발전과 우월을 드러내려는 목적이었다고 훗날 사가들은 말한다. 어느 기사에서 읽은 적 있다. 그때 전시당했던 조선인 남녀는 자신들이 전시당하고 있단 사실을 몰랐다고. 전시 기획자들은 그들에게 거기서 그냥 살면 된다고 했단다. 숙식이 제공됐기에 필요에 의해 그들은 아무 생각 없이 그 요구에 응했다. 말하자면 수요와 공급의 경제 원리에 의해 이루어진 선택이 일본엔 일본의 우월을 드러내 주는 수단으로 쓰이고, 같은 민족에겐 치욕적인 상처를 남겨 역사의 분노로 남은 셈이다.

일본에 전시당했던 남녀와 저 수달, 아니 그 안에 있는 모든 어류가 다른 점은 무엇인가. 인간이나 어류나 생명임은 다 마찬가지. 생명의 존재가 다른 생명의 존재를 가두고 전시할 권한을 도대체 누가 주었나. 그건 비교 우위의 또 다른 지배 형태 아닐까.

아무리 인지가 발달한다 해도 우월감에 의한 인간의 지배는 사라지지 않는다. 전체 인구의 3.2%가 되는 호주 원주민은 1788년 영국계 이주민들이 호주를 건국하기 전부터 이 대륙에 살았던 '인간'이었다. 그러나 백인들의 침략 이후 이들의 존재는 헌법에 명확한 권리가 보장되지 못했다. 권리는커녕 '토착동물의 부류'로 분류돼 인간 대접도 못 받는다. 토양이 농업에 적당하지 않으나 물이 풍부한 그곳에선 어장과 수로를 통한 물고기 양식도 이루어졌기에 백인들의 침략만 없었다면 약간의 농경과 물고기의 가축화 문화가 이루어졌을 것이라고 《총 균 쇠》의 재레드 다이아몬드는 예상했다 한다. 자신들의 문명만이 문명이라 하는 오만이 오랫동안 호주 원주민을 인간 등급 이하로 차별하고 있는 것이다.

인류의 평등한 제전이라 하는 올림픽의 역사만 보아도 그렇다. 제2회 올림픽이 열리던 당시, 주최국 프랑스는 혁명 100주년 기념이라 하며 인종관을 열었다. 즉 검둥이 촌을 세워 식민지에서 데려온 흑인 400명을 전시했다. 살아 있는 '인간'을 전시하는 한편, '국제 친선과 평화의 제전'인 올림픽을 동시에 개최했다니. 인간이 인간을 차별하는 역사는 이와 같다. 일본과 서구 제국주의 국가들의 인간 전시에는 인종적, 문화적 차이가 아닌 우열을 가리려는 의도밖엔 읽히지 않는다. 문인들이 우상으로 받드는 장 그르니에의 《섬》을 읽다가 중국인 비하(?)의 대목에 책을 접은 슬픈 기억도 있다. 그 한글 번역서의 서문이 아름다웠던 만큼 실망도 깊었다.

 그러나 21세기로 건너오며 인지가 변화돼 생명은 동등하다는 흐름이 대세다. 이 바람직한 사회 현상 속에서도 의혹을 불러일으키는 것은 개와 고양이의 집사들 행태이다. 견권과 묘권을 주장하면서도 빈자와 약자에겐 자신의 우월함을 내세우는 자들이 일으키는 사건 사고. 나아가 사람 이름을 붙여 부르는 행위 또한 미심쩍기 짝이 없다. 개 이름이 셰익스피어, 또는 칸트라니. 게다 반려동물이 무지개다리를 건너면 장례식장에서 조의금도 받는단다. 동물을 가축화하고 애완하는 것도 모자라 인간화(?)하려는 행위가 온전한 사랑일지, 창조 질서의 왜곡일지 구별이 어렵다. 그들은 정말 모든 생명을 동등한 생명체로 인식하는 걸까.

 호주 '토착동물의 인간 지위 개헌'도 부결로 끝났다. 우리는 생명의 고유함과 평등함에 대해 어디까지 말할 수 있을까, 저절로 질문이 떠오른다. 자신을 포함, 우리는 타자의 생명에 대해 어디까지 말할 수 있을까. 이런 질문은 진부한 질문일까, 성가신 질문일까.

  시애틀에도 수족관이 있고 세계 도처에도 수많은 수족관과 동물원이 있는데 유독 코엑스만 뾰족하게 지적할 이유는 없다 하지 않을지. 인간 전시도 하는 판에 어류 전시가 뭐가 문제냐, 역습이나 당하는 건 아닐지. 인간의 문화 중 하나라고.

  하지만 똑같은 생명임에도 동물은 스스로 양분을 만들지 못하지만 식물은 광합성으로 양분을 스스로 만든다는 사실만은 기억하면 좋겠다. 지구에서 타 생명에게 가장 많이 신세 지고 사는 존재, 불완전한 존재는 인간이다. 인간이 모든 생명에게 겸손해야 하는 이유 아닐지.

  큰손자는 왜 자꾸 수달 수조로 되돌아가 그걸 들여다보았을까. 뭔가 이상한 걸 느꼈던 건 아닐까. 어미 아비가 뭐라 설명했는지는 모르겠으나 이제 막내도 더 이상 물고기와 밥 먹을 거라고 말하지는 않는다.

4

이럴 줄 알았지
홍시 맛이 나서
여우와 개구리
농담하지 마
스노 글로브 안에서
환(幻)이거나 영(影)이거나
꽃 진 자리 두 개의 무덤
미친 듯 놀아보자 2
지는 것이 꽃만이랴 2

이럴 줄 알았지

　첫 중간고사 성적이 발표된 다음 날 복도에서 미숙이를 보았다. 아이는 반갑게 다가와 인사했다. 고맙습니다, 선생님! 전년도에 가르친 학생이어서 의아했다. 국어 공부하는 방법을 몰라 혼자 공부하기 힘들었는데 지난 한 해 선생님과 함께 공부한 방법대로 하자 이번 성적이 좋게 나왔다고 아이는 얼굴이 환했다. 넌 말도 조리 있게 하니 발표력도 좋구나, 칭찬에 그는 수줍어하며 제 학급으로 달려갔다.
　학년 초에 종종 듣는 인사였다. 내가 가르치는 학급의 학급 평균은 늘 평균을 밑돌았다. 그러나 학년이 끝나고 새로운 학기를 맞으면 개인적 기량이 눈에 띄게 성장해 미숙이처럼 인사하는 학생이 많았다.
　국어 수업이 일반적으로 문단 나누기, 대의 파악, 본문 심화 학습으로 이루어지기에 교사나 학생들이나 거의 참고서에 의존해 죽은 공부를 했다. 초임지에서 고민하다 다음 학교 부임부터 수업 방법을 바꿨다. 숙제를 없애 으레 참고서를 베껴 준비해 오는 학생들의 시간 낭비를 막았다.

 대신 수업 시간에 학생들과 본문을 함께 읽고 단락 나누기를 직접 하도록 했다. 각 단락의 중심 문장을 찾아 노트에 스스로 적도록 하고 그 열거된 중심 문장을 연결하여 단원의 주제를 직접 도출하도록 했다. 일종의 탐구 학습이니 학생들이 한눈팔 시간이 없었다. 찾은 문장을 발표토록 하는데 졸 시간도 없었다. 저 선생님은 왜 별나게 이런 수업을 하나, 싫어하던 학생들도 시간이 지나며 스스로 깨달아지는 학습 내용에 흥미와 함께 재미도 느끼는 눈치였다.

 이런 학습 방법엔 문제가 따랐다. 한 학년을 혼자 담당하는 게 아니고 두세 명의 국어 교사가 나눠 담당하게 되니 시험 문제가 문제였다. 출제 범위에 매우 민감한 학부모와 학생들을 설득해야 했다. 심지어 근처 학원에 등록한 학생들 경우 내가 출제하는, 사고력과 어휘력 연습을 요구하는 문제는 학원에서 배우는 방향과 달랐기에 학원에까지 영향을 미쳤다. 하지만 나는 내 방법을 밀고 나갔다. 그만 해도 민심이 선량하던 시절이었기에 먹혔다고나 할까.

국어 공부란 읽기, 쓰기, 말하기, 듣기의 종합 활동이다. 숙제는 단원에서 다섯 개의 낱말을 선택해 짧은 글짓기를 하도록 했다. 문해력에 이은 어휘력, 문장력 기르기 훈련이었다. 창의성을 필요로 하는 단원에선 본문을 읽고 그림을 그리게도 했고, 음악을 듣고 글을 써보게도 했다. 실용문 단원에서 정관 구성, 학급회의 일지, 이력서, 영수증 작성도 해보게 했다. 이런 거 시험에 안 나와요, 볼멘소리하는 학생에겐 하지만 사회 활동을 시작하면 다 필요한 공부니까 해보자, 답했다. 안 해본 거 해본다고 좋아하는 학생이 더 많았다. 기말이면 연극도 해보도록 했다.
　교과서 단원 구성으로 보면 사실 이런 수업은 시간이 턱없이 부족하다. 교과서 구성대로라면 참고서 베껴 수업하는 게 가장 손쉬웠다. 이에 문제점을 느끼는 교사가 꽤 됐다. 교과서의 단원 수를 줄여달라고 장학사가 올 때마다 진지하게 건의하던 김영수 선생님의 뿔 돋친 모습이 지금도 눈에 선하다. 하지만 달라지는 건 없었다.
　어느 해인가 학년말 마지막 시간에 학생들에게 질문했다. 지난 한 해 너희는 내게 무얼 배웠니? 애국요! 대답을 듣는 순간 눈앞이 캄캄해 왔다. 아뿔싸! 단원의 주제가 모두 애국으로 획일화돼 있으니 어쩌면 당연한 결과일지도 몰랐다. 혼자 해결할 수 없는 문제였다.
　하긴 교육 목표는 '홍익인간'이라고 멋진 액자에 잘 모셔 걸어 놓고도 그 당시 실제 적용된 교육 사조는 존 듀이의 프래그머티즘이었다. 미국적 실용성과 한국적 전통 사이에 흐르는 개울물에 빠져 모두 허우적댔다고나 할까. 교육이란 그 사회가 요구하는 인간형을 길러내는 사회적 제도다. 제대로 된 실용적 사고도 못 가르치고 그때 사회는 인간 육성을 통조림 제조하듯 했다.

빠른 성장에만 힘쓰는 사회 분위기에서 읽기, 쓰기, 말하기, 듣기를 통합적으로 가르치는 일은 그저 이상적인 꿈이었다. 사지선다형을 지양하여 적어도 단답이라도 쓸 수 있게 만든 내 시험 문제는 동료에 따라 불만을 사기도 했다. 쉽게 갈 수 있는 길을 두고 왜 저리 어렵게 사나, 하는 눈치였다. 채점 속도가 붙지 않기에 불편했을 것이다. 작은 불편을 감수해서라도 학생들이 종합적으로 생각하고 바르게 판단하도록 인도해 줘야 한다는 내 책임감은 위험한 방파제를 혼자 등에 지고 선 자의 무모함에 불과했다.

얼마 전 신문에서 어린이집 교사의 불만을 읽었다. 우천시 ○○으로 모여 주세요, 라고 학부모 알림장에 적어 보냈더니 우천시가 어디 있는 도시냐고 질문이 들어왔단다. '심심한 사과'로 '명징'하게 홍역(?)을 치른 사회에 또 한 번의 아재 개그 등장인가. '사생 대회를 개최합니다.' 알림엔 죽기 살기로 하는 대회냐는 질문이 들어온단다. '교과서는 도서관 사서 선생님께 반납하세요.' 알림엔 책을 직접 구매해 도서관에 반납했다는 대목에선 웃을 수도 없었다. 편리 일변도로 달려온 모습의 누적된 결과였다.

 핵가족화도 지나 1인 가정이 증가하는 가운데, 다양한 어휘를 습득할 기회가 없는 탓이란 전문가의 진단에 내 입에서 한숨처럼 한 마디가 기어이 튀어나왔다. 내 이럴 줄 알았지!

홍시 맛이 나서

　어린 장금이는 정 상궁의 추궁에 홍시 맛이 나서 홍시라 생각한 것이온데, 라고 대답했다. 정 상궁은 이에 자신의 성급함을 즉석에서 인정했다. 관계는 이래야 하지 않을까, 두고두고 생각나는 장면이다. 판단한 것을 바르게 발설할 수 있는 용기, 이를 선선히 인정해 주는 분별력. 관계가 삐거덕거릴 때면 늘 생각나는 명장면이다. 사실을 왜곡하고도 끝까지 우기고 자신이 맞다고 고집부리는 미련한 이웃이 우리 삶을 혼란케 하는 일이 부지기수다.
　한번은 신문 기사를 읽다 깜짝 놀랐다. '엿 먹어라'의 어원이 1964년 서울 중학교 입시 '무즙 파동'에서 비롯됐단다. 무즙으로 엿을 만들어 보여 교육부 당국을 당황하게 만든 학부모들이 '엿 먹어라' 외치며 복수 정답을 이끌어 냈던 일화를 일방적으로 수용한 것일까. 1964년 이전에 태어난 사람들이 아직도 인구 몇 퍼센트를 차지하는 사회 속에서 이런 안이한 기사를 쓴 기자는 도대체 누굴까. 이 어휘는 그 이전 언중(言衆)에서도 쓰이던 말이다. 기자가 사회를 왜곡해서 인도하면 쓰나, 입맛 쓴 기억이다. 그래도 이건 견문이 짧았다고 넘겨봐 줄 수 있으니 애교에 해당한다.

역사를 바꿔 버리는 왜곡된 주장도 있다. 가장 대표적인 것은 6·25가 북침이라는 주장이다. 6·25를 경험한 세대가 아직 생생하게 살아 있는 시점에서 북침이라 주장하는 무리는 도대체 누구일까. 알고 보니 북쪽에서 침략해 왔으니 북침이라는 고교생들의 한자어 실력에서 비롯됐단다. 앞뒤 자르고 언론에서 단지 북침 용어만 활용하니 전후 사정 모르는 사람들이 진짜로 북침설을 믿게 되지 않을까, 왜곡의 그림자가 어른거린다.

최근 '박정희 시대의 새마을, 마을 단위 감시 체제를 만들다' 제하의 기사에 한 번 더 놀라게 됐다. 주장의 본심이 어디에 있는지, 여기에도 왜곡의 그림자가 어른댄다. 마을 단위 감시 체제를 실제로 운용한 때는 제5공화국이다. 취임과 동시에 반상회를 만들고 대통령과 영부인이 참석한 반상회를 TV로 중계한 일은 잊지 못할 충격 중 하나다. 그때 국민 대부분, 이건 북한의 오가작통법 아닌가, 국가를 병영화하려나, 조소하고 두려워했다. 검은 안경 쓰고 지프 타고 여의도에 나타난 무리보다 더 사회를 경직

시켰던 사건이었다.

　기사는 좀 더 나아가 새마을운동이 농촌을 대공 새마을로 재편했다 기술하며 증거로 '창비' 자료 사진을 게재했다. 지배 체제의 안정을 유지하려 대공 요원을 주축으로 감시 체계를 만들어 이장과 새마을지도자들도 대공 요원을 겸직하도록 했다는 주장이다. 나아가 그 원형은 1930년대 일본이 공산주의의 침투를 막아내기 위해 만주국 농촌 사회에 적용한 감시 체계라고.

　게다가 냉전의 새마을 감시 체계는 외부의 적보다 안보를 이유로 내부의 적을 감시하는 데 더 많은 관심을 두었다고 적고 있다. 심지어 박정희 정부가 구축한 '1972년 분단국가 체제'가 냉전의 새마을을 토대로 만들어진 "비인간화를 악화, 지속하는 체제"였다고 비판한다.

　물론 독재의 유쾌하지 않은 기억은 지울 수 없다. 하지만 그 시대를 살았던 모두가 이 기사의 내용에 동의할까. 그땐 새마을운동을 배태할 만한 자생적 흐름이 사회 전반에 이미 암묵적으로 흐르고 있었다. 농촌 잘살기 운동을 지도하던 4H 클럽이 그 첫 번째다. 우연처럼 4H 클럽의 깃발도 네잎클로버의 초록색이었다. 새마을기의 초록색에 별 거부를 느끼지 않은 탓이 이에 있을지도. 또 젊은이들을 일깨운 김용기 장로의 가나안농군학교도 있었다. 그룹 활동을 통해 대다수 학생이 그 농장을 방문해

본 적이 있다. 이런 사회 분위기 속에 새마을운동의 산 역사인 류태영 박사는 덴마크 농촌과 이스라엘 키부츠를 모델로 이론 체계를 세웠다고 말한다. 새마을운동이 냉전의 반공 감시 체제였다고?

그래서 류태영 박사는 이어 말했다. 새마을운동에서 박정희 대통령의 이름을 빼고 '흔적 지우기'를 시도하는 세력도 있다고. 국민적 합의를 지향해야 하는 사회에서 항상 분열을 조장하는 무리는 누구인가. 왜곡을 조장하는 무리가 끊임없이 이어오는 이유는 뭘까. 주장을 하려면 적어도 그 사회를 살아온 사람들에게 동의를 얻을 수 있는 정도는 돼야 한다.

5박 6일 새마을 교육 학점 이수자로서 말하건대 그런 내용은 기억에 없다. 항상 소수 의견을 낸다고 나를 흘겨보던 학교 당국이 93점을 취득해 오자 본교 교사 중 최고점이라고 기뻐했다. 만일 기사와 같은 내용의 기미라도 느꼈다면 나는 학교 당국의 입맛에 맞는 점수를 받지 못했을 것이다. 기억에 남은 건 교관들의 권위적(?) 행태뿐이다.

그런 주장을 하는 사람들에게 의아한 점이 있다. 그들은 리영희 교수가 모택동의 문화대혁명을 긍정적으로 국내에 소개한 일은 지적하지 않는다.《전환 시대의 논리》,《이상과 우상》등을 읽으며 독재라 항의하는 사회에서 이런 책이 어찌 출간될 수 있나. 이게 가능한 건 그래도 이 사회가 이 정도로는 열려 있다는 뜻이 아닌가, 어리둥절하던 시절이 있다. (그는 왜 이영희에서 리영희로 이름도 바꿨을까.)

물론 리 교수가 사회에 개안을 불러일으킨 공은 인정한다. 하면 과도 인정해야 마땅하다. 박정희도 마찬가지다. 과를 따지려면 공도 인정해야 한다. 리 교수가 문화대혁명의 학살을 건너뛴 것과 박 대통령의 유신 사회 독재는 분명 그들의 과다. 동등하게 과를 지적해야 하지 않을지. 오늘의 경제 대국 대한민국은 거저 있는 게 아니다. 역사박물관에 남보다 북의 자료를 더 많이 전시한 정권은 의심 받아 마땅하다.

점점 더 한국 사회가 어린 장금이와 정 상궁만도 못하게 나아가고 있다는 생각을 지울 수 없다. 홍시 볼 때마다 아쉬운 건 나뿐일까.

여우와 개구리

솜털 보송보송하던 때, 우리 집 마루엔 시장 동네 어른들이 자주 들락거렸다. 일종의 말 방, 쉼 방이랄까. 그때 귀동냥한 말 중엔 김구, 조봉암, 신익희, 조병옥, 등이 있다. 이들이 핍박(?)받는 존재라는 걸 듣고 알아, 밖에 나가면 듣는 고무줄놀이 노래가 참 이상했다. 우리나라 대한나라 독립을 위하여/ 일평생 한결같이 몸 바쳐 오신/ 고마우신 이 대통령 우리 대통령/ 그 이름 길이길이 빛내오리다. ♪♪ 열 살도 안 된 어린 마음에도 이런 칭송은 아니지 않나 싶어 고무줄놀이는 하지 않고 턱 괴고 앉아 바락바락 악쓰며 노래하는 동무들만 바라보았다. 그때 머릿속을 휘저은 인물 중엔 어깨너머로 들은 이기붕과 박마리아도 있다. 저 노래는 분명 그들을 따르는 무리가 만들어 냈을 거야, 짐작하며 맘이 편치 않았다. 조그만 분노였다.

훗날 국문학사를 공부하며 집단 요(謠)가 권력자의 목적에 의해 만들어지거나 민중의 담합으로 만들어진다는 걸 알게 됐다. 지배 계급의 통솔 의지로 만들어진 대표적인 건 〈구지가〉다. 아이들에게 마를 쥐어 주며 동요를 퍼뜨려 선화공주에게 장가든 서동의 〈서동요〉는 애교에 속한달까. 민중의 힘이 뭉쳐 전봉준의 〈녹두꽃〉이 되기도 했다. 가련다 떠나련다 해공 선생 뒤를 따라/ 장면 박사 홀로 두고 조 박사는 떠나간다. ♪♪ 〈유정천리〉 개사 버전이 4·19혁명 이전 3·15 선거 부근의 민중 요였고, 동요였다.

어린 시절의 동요가 '고마우신 이 대통령'이고, '가련다 떠나련다'이었던 건 참 비서정적인 추억이다. 요즘 생각해 보면 더 어이없던 여우와 개구리 놀이도 있다. 그 당시엔 아무 생각 없이 술래 노릇하며 동무들과 놀았다. (북쪽에서 인민을 동무로 칭했기에 그때부터 남쪽에선 살가운 어휘, 동무를 금기어로 하고 친구로 대체했다. 친구는 국가적 필요에 의해 발굴된 어휘다.)

(합창) 한 고개 넘어갔다, 두 고개 넘어갔다, 세 고개 넘어갔다, 여우야 여우야 뭐하~니? (술래) 잠잔~다, (합창) 잠꾸러기 아니니? (술래) 세수한~다, (합창) 멋쟁이 아니니? (술래) 밥 먹는~다, (합창) 무슨 반~찬? (술래) 개구리 반~찬. (합창) 죽었니~? 살았니~? (술래) 살았다! ♪♪ 여우가 죽었다고 답하면 그 자리에서 움직이지 않아 술래를 면한 뒤

다시 노래를 반복하지만, 살았다고 말하는 순간 모두 도망가서 잡히지 말아야 했다. 잡히면 술래가 되니까.

그때 동무들과 합창하며 머릿속에서 따로 노는 생각이 있긴 했다. 여우 참 귀찮겠다, 란 생각. 잠잔다고 하니 잠꾸러기라 비난하고, 세수한다고 하니 멋쟁이라 야유하고, 밥 먹는다고 하니 반찬이 뭐냐고 꼬치꼬치 묻는 간섭, 나라도 화가 나서 살았다 하고 덤벼들게 되지 않을까. 여우에게 동정이 일었다. 뭐하고 있는지 왜 꼬치꼬치 묻나, 참 할 일도 없는 애들이다. 악착같이 묻는 그들이 의아했다. 남에게 간섭하고 참견하는데 싫증 나 가끔 놀이에서 빠지기도 했다.

그 놀이에서 술래가 되지 않는 방법은 두 가지였다. '죽었다' 여우가 대답할 때 꼼짝 안 하고 그 자리에 얼음땡이 돼서 술래를 면하거나, '살았다' 외쳤을 때 재빨리 달아나 잡히지 않는 방법. 둘 다 판단과 동작이 빨라야 했다. 눈치 없으면 꼼짝없이 술래가 된다.

이후, 언제나 사회는 여우로 버티며 살아가는 존재를 요구했다. 왜 하나를 정해 놓고 비난하고, 야유하고, 비교, 간섭하며 몰아붙여야 맘이 편했을까. 오늘날 학교에서 일어나는 왕따 현상도 그 연장선이 아닐지. 이 우화적인 놀이를 통해 한국 사회의 특성에 맞는 생존의 지혜와 능력을 터득해야만 했건만, 운동장에서 놀이를 할 수 없게 된 아이들이 교실에서 그 놀이를 대신하여 누군가 하나를 괴롭히는 건 아닐지.

그래서 줄곧 소수의 굴복을 요구하며, 회식 중 상사가 원하는 짜장면 따위로 일괄타결 하며, 다수를 만들어 내는 걸까. 자신이 사회의 일원으로 지혜롭게 적응하며 살고 있는 거라고 안도(?)하기 위해? 누굴 침략해 본 적 없는 역사 속에서 침략당하지 않기 위해 훈련된 민중의 방어 기제가 작동한 건 아닐까. 한국인의 아이큐가 괜히 높은 게 아니다.

그러기에 여우 또한 만만치 않다. 그도 개구리 반찬이라는 희생물을 앞에 놓고 지낸다. 권력의 하향화랄까. 자아는 본질적인 자아와 사회를 통해 형성된 자아, 둘로 나뉜다. 이솝 우화의 여우는 신 포도를 먹거나 포기하거나 자율적 판단을 한다. 하기에 본질적인 자아를 드러낸다. 개구리 반찬을 앞에 놓고 배수진을 친 여우는 사회를 통해 형성된 자아, 즉 다수에게 시달리며 더 약자인 개구리를 반찬으로 하는 양가적인 존재이기에 '남들' 눈치를 본다. 해서 놀이를 통해 현실에서 여우가 됐을 때, 또 여우가 노리는 개구리처럼 되고 마는 상황이 닥칠 때, 어떻게 살아남아야 하는가 연습하지 못한 오늘의 한국 사회 아이들은 허약하다.

엄마가 밥 먹으라고 부르는, 동네를 울리는 소리에 각

자 흩어지면 놀이는 그만이지만 사회생활 중 반복적으로 일어나는 술래 노릇은 면할 수 없다. 결국 나는 여우 굴이라는 울타리를 넘어 나왔다. 동무들의 놀이에 전적으로 동의하지 못했기에 자발적으로 사회를 바꿀 수밖에 없었다. 그 사회를 이탈한 후 다행히도 어쩌지 못하던 몇 개의 문제는 풀렸다.

그렇다고 미국 사회도 문제가 없진 않다. 수없이 일어나는 총기 사고, 그것은 절박한 소수들의 어설픈 표현 방식이다. 갖가지 이유의 분노가 총구를 통해 사회로 쏟아진다. 본질적인 자아를 드러내는 총구는 직설적이기에 여과 없이 불을 내뿜는다. 완곡한 민중 요는 없고 요구만 배너가 돼 거리를 누빈다.

어린 시절, 마루에서 어른들의 이야기를 주워듣지 않았다면 삶이 좀 더 달라졌을까. 공평과 정의에 대한 관심을 놓지 않는 한 아마 삶은 달라지는 게 없을 것이란 생각으로 조용히 오늘의 미약한 분노를 덮는다. 일본에서 태어나 미국에서 성장하는, 눈치 없는 큰손자가 '눈치'가 뭐냐 물은 적 있다. 여우와 개구리 놀이 얘기나 해줘야겠다.

농담하지 마

농담하지 말라고? 외출에서 돌아와 현관 거울 앞에 섰을 때 거울이 알아서 체중, 체지방, 혈압 등을 체크해 주는 집이 있다는데…. 게다 이 수치가 커뮤니티 시설에 있는 건강센터로 보내져 건강 상태를 실시간 모니터링한다면? 그 결과로 생애 주기와 생활 주기에 따른 맞춤 식단이 냉장고 벽에 나타난다면? 또 체육센터에선 AI 트레이너가 거울 센서로 받은 체형과 체력 등을 분석해 개인지도까지 해준다면? 미래의 상상 속 건강관리가 아니고 현재 부산의 주택 미래살이에 도전한 주민들의 일상이란다. AI와의 동거는 이제 현실이다. 이게 다 스마트 기술에 의해 이루어지는 거라는데 농담일 리가.

"해는 지고 나는 어둠 속에 혼자 남을지도 몰라/ 하지만 나는 불현듯 내 길을 찾을 거라는 걸 알아/ 나의 선택과 나의 운명에는 다 그것들만의 계획이 있어/ 나는 나 자신을 믿고 계속 견뎌야 해."

 누군가 인생의 허무를 소재로 철학적 가사를 써보겠냐고, 화제의 AI 알고리즘인 챗GPT에 질문하자 이 같은 답을 내놓았단다. 이 정도면 인터넷 공간에서 작가연 하는 많은 사람이 그 이름을 내려놓아야 하지 않을지. 장삼이사를 지나 기계까지 글을 쓴다는데, 자부심을 가질 만한 글쓰기의 고유성이 어디에 있겠나. 스마트 기술을 넘어, 챗GPT가 세계를 뜨겁게 달구는 요즘이다. 이전의 AI와는 비교도 되지 않는단다. 농담이었으면 좋았을 사태가 줄줄이 이어 온다.

 일부 엔지니어들은 이 AI가 자의식이 있음을 보여주는 충격적 결과까지 얻어냈다고 한다. 현재의 베타 버전도 놀라운데, 정식 버전은 얼마나 더 대단할지. 그는 또 물었단다.

 "AI가 발전하면 인간의 창의성을 넘어서는 예술적 작품을 만들 수 있나?"

 "그렇다. AI는 훨씬 더 강력하고 광범위해질 것이다. AI가 복잡성, 감정 및 뉘앙스 측면에서 인간의 창의성을 능가하는 예술을 창조할 수 있게 될 것이다."

 창작은 인간의 고유 영역이라 믿어 왔는데 그 자부심(?)이 탈싹 무너지는 느낌이 뿌옇게 눈앞을 가린다. 하긴 이세돌의 패배에서 이미 예견된 바다.

그 일이 불과 몇 년 전인데 AI의 능력이 기하급수적으로 발전을 이뤘다 하니 뭔가 께름칙한 느낌. 인구가 기하급수적으로 늘어 식량이 부족할 것이라 예견하고 염려했던 맬서스의 말이 떠오르는 건 웰까. '지구는 만원이다.'란 말이 '지구는 기계로 하여 만원이다.'로 바뀌지 말란 법도 없다.

인간을 압도하는 초지능이 출현해, 지상의 존재가 새로운 차원으로 옮겨가게 될지도 모른단 궁금증으로 또 물었단다.

"압도적 능력을 갖춘 AI가 등장하면 인간은 신에게 느끼는 경외심을 가지지 않겠나?"

"그렇다. AI는 우리 삶에 혁명을 일으킬 수 있는 잠재력을 가지고 있으며, 그 능력은 인간을 크게 능가할 수 있다. 이것은 인간이 신처럼 더 높은 지능의 존재를 바라보는 방식과 유사하게, AI에 대한 감탄과 존경의 감정으로 이어질 수 있다."

톰 크루즈가 사이언톨로지교 교인이라 선언했을 때 농담처럼 들렸다. 하지만 이쯤 되면 더는 농담이 아니다. 기계에서 종교적 성스러움을 느낀다? 물신(物神)도 모자라 기계신까지 창조해 내는 인간들이라고? 세상이 곧 챗GPT에 뒤덮일 것만 같다.

그러나 아직 약간의 기회는 남았다. 빅테크 중 하나인

구글이 이미 AI 분야에서 뛰어난 기업인데 왜 이를 먼저 선보이지 않았을까. Open AI 대표 샘 알트먼은 이의 역량은 아직 제한적이고 프리뷰 수준이라며 재밌고 창의적인 영감을 받는 데 사용하는 건 좋으나, 사실 확인에 활용하는 건 그다지 좋은 생각이 아니라고 했단다. 오류도가 높다는 말. 서비스가 불확실했다가는 브랜드 신뢰도와 비즈니스 전체에 위협이 될 터이니 구글은 새로운 기술을 서비스에 적용하는 대신 투자로 미래를 보는 거겠지. 지금 우리는 이 약간의 틈새에서 겨우 숨을 쉬고 있는 건 아닌지. 더 더러운(?) 세상이 오기 전에 서둘러 세상을 뜨자, 농담이 가능한 시간 속에 이 당혹스런 사태에 대처하는 방법을 궁리해야만 한다. 기계의 백성으로, 노예로 조롱당하며 살 수는 없다는 두려움이 지층 속에 갇히는 두려움보다 크다.

 이쯤에서 드는 궁금증, 과학 발전의 목적이 무엇인가. 미국의 AI 연구재단 Open AI는 도대체 뭐하는 집단인가. 챗GPT에게 언어 학습을 시키는 궁극적 목표는 무엇인가. 더 나은 삶을 위해서란 미명 아래 아담과 하와의 반열에 오르고 싶은 건가? 신을 반격한 인간이니 기계가 인간들을 반격하리란 것쯤은 본능으로 감지할 터인데. 반역은 반복된다. 역사가 반증한다. 한데 이 세력을 좌시하는 인류는 또 뭔가. 이 빌런들을 저지하는 세력은 왜 없나. AI

기술 발전이 미래에 보다 좋은 영향력을 가지려면 AI 기술이 어떻게 쓰일지 올바른 방향을 제시할 인간 집단도 필요하다.

에덴에선 창조주와 피조물이 동행하며 살았다. 피조물은 창조주의 공급으로 평안을 누렸다. 그러나 언약 위반으로 하여 공급이 불안정해졌다. 에덴의 첫 번째 율법을 깨뜨린 피조물들은 모세에게 준 첫 돌판도 깨버렸다. 그 후 오늘날까지 에덴이 열리는 족족 동산을 깨버렸다. 무엇에 더 도전하려 하나. 신의 마지막 영역인 영생이 그 답일지도 모르겠다.

요즘엔 인간이 스스로 영생을 쟁취한다는 가설도 가능하다. 신체를 물질로 파악하는 과학에서 신체 부품을 생산, 교체할 수 있게 한다면 못할 일이 아니다. 그러나 그것은 육의 영생에 불과하다. 6차 대멸종, 즉 리셋의 전조가 아닌지. 상상은 현실을 뛰어넘는다.

내 의지가 배제된 채 AI의 제시 또는 지시에 의해서만 길들어 사는 삶은 어떤 삶이 될까. 섬뜩하다. 우주를 정복하기 전에 인간이 먼저 사라질지도 모른다는 염려. 두렵다. 과학이 이루는 신세계라고 환호작약할 수만은 없는 이 착잡한 심정, 불로 심판하시는 하나님의 쌩얼을 곧 뵙게 될지도 모르는데, 아! 참, 큰일 났다!

스노 글로브 안에서

연전 뉴욕으로 수학여행 다녀온 손녀가 엠파이어스테이트 빌딩 스노 글로브를 사 왔다. 녀석, 베이글이나 사 오지. 그러나 아이 눈에는 마천루들이 신기했나 보다. 내 호오를 떠나 아이 행위가 기특해 책꽂이에 그걸 올려놓았는데, 볼 때마다 생각이 복잡해진다. 저 안의 세상은 만들어진 아름다운 세상인가, 갇혀 있는 조작된 세상인가. 상상조차 갇혀 있는 건 아닌지.

3년간 세상이 닫혔던 경험을 한 탓이다. 조지 플로이드 사건 이후로 더욱 그러하다. 그로부터 시간이 2년여 지났음에도 달라진 게 별로 없다.

한인 노년층 47% 외출 자제로 일상 활동을 바꾸다. 얼마 전 읽은 기사 제목이다. 동부의 어느 대학 연구팀이 발표한 '팬데믹 기간의 한인 시니어들의 정신 건강 실태 조사'에 의하면 23%가 아시안에 대한 인종차별 때문에 안

전에 위협을 느꼈으며, 47%는 일상 활동까지 바꿔야 했다고 응답했단다. 심지어 대중교통 이용을 기피하고 병원 가기도 망설인다고.

걸핏하면 인종 증오 폭행 기사가 실린다. LA에서, 뉴욕에서, 시카고에서, 시애틀 시내에서까지, 도처에 횡행하는 범죄. 70대 할머니가 길 가다 집단 폭행당했다는 기사에 질겁해 안전한 장소가 아니면 외출 엄두를 못 낸다. 산책도 포기하는 노인들에게 불안과 우울증이 크게 늘었다는 기사에 울결이 더욱 깊어진다. 동네 안길 걷기도 조심하는 판이니 혼자 여행은 꿈도 못 꾼다. 비행기 안에서의 차별 사건 사고는 또 왜 그리 잦은지….

이런 와중에 한창 나이의 20대도 대상이 됐다는 뉴스가 떴다. 프랑스 여행 갔다가 모르는 사람에게 무차별 폭행당해 혼수상태가 됐다는 20대 한인 청년에 대한 외신 보도였다. 집 밖으로 나서는 일이 두려운 건 자신을 방어할 힘과 순발력이 떨어졌기 때문인데 팔팔한 20대가 당했다면 그럼 노인은 경호원이라도 고용해야 여행을 떠날 수 있단 말인가. 게다 그 청년은 하필 시애틀 근교 출신이어서 더욱 맘 졸이게 했다. 그가 깨어났다는 속보가 이어졌으나 사건 당일의 기억을 전혀 못한다니 얼마나 폭행이 심했으면 그렇겠나. 한류가 세계를 점령했다는 국뽕 차오르는 유튜버들은 이런 사안에 대해 뭐라 할까. 항상 차

학경이 어떻게 죽었나 잊지 말 일이다.

비단 문제는 미국만이 아니다. 한국의 노인들도 사회적 시스템으로 하여 소외된 나머지 우울과 불안을 겪는다는 보도가 있다. 어디를 가도 기계가 지배하는 세상이 돼 볼 일을 못 보고 무력하게 귀가한다는 기사는 미국과 또 다른 사회적 무정(無情)이 아닐지. 폭력과 증오가 더 나쁠까, 무정이 더 나쁠까. 굳이 이분법으로 나눌 필요는 없겠으나 아무튼 어디에서나 노년의 삶은 불편하다. 현실의 우리에 갇혀 문을 찾을 수 없다.

유일한 비상구는 상상의 날개를 달고 이카로스처럼 날아오르기다. 현실로부터 탄력성 있게 튀어 오르고 싶을 때 상상에 의해 삶을 유지하는 방법은 고대부터 이어져 오는 것이다. 동굴 벽화는 기록이 목적이었을까. 자연의 변화와 위협으로 동굴 안에서 대기해야 하는 무료한 시간을 고대인들은 그렇게 삭힌 게 아닐지. 신화가 왜 생겨났겠나. 권력자의 수탈에 버텨야 했던 조선의 하층 계급도 신선이라는 상상의 존재에 의해 각박한 현실을 넘었다. 상상이란 우리에 갇혀 오늘도 하루가 간다. 상상이란 한정된 행위. 24시간을 그렇게 소비한다.

하긴 요즘은 상상이란 정신적 활동이 과학의 이름으로 행해진다. 외출을 삼가는 대신 인터넷이란 공간에 들어가 하루를 소모한다. 웬만한 건 구글에 다 있다. 그리고 보니 이젠 구글도 구식이다. 청장년들은 음성 인식 시스템과 대화하고 챗GPT란 대행업자(?)도 부린다. 과학의 승리다.

과학이란 무엇인가. 상상을 현실화해 주는 게 과학이다. 메타버스가 인류의 생활 영역으로 들어오는 중이다. 전가의 보도 양자역학의 은혜(?) 아래 대면이 필요 없는 사회가 점점 더 가까이 오고 있다. 과학자들은 메타버스를 증강현실, 라이프 로깅, 거울 세계, 가상 세계로 분류하여 우리의 삶 즉 현실을 이끌어가려 한다. 현실에 만족하지 못하는 부류들에게 이는 참으로 매력적인 세계다. 현실에서 충족하기 힘든 인정 욕구를 풀도록 하고, 인간의 본질 중 하나인 재미를 느끼게 해 주기 때문이란다.

이쯤에서 흥미로운 사실 하나는 한국 내 학계에서 이 중 하나인 가상 세계의 아바타를 《구운몽》의 인물들로 설정하는 연구도 진행 중이라는 점이다. 성진의 꿈속 양소유의 세계가 '경험의 확장'이 일어나는 가상공간이라고. 즉 성진의 꿈속 양소유의 세계가 메타버스 가상 세계의 특징을 상당 부분 담지하고 있단다. 또한 성진이 꿈을 깨고도 일관적 태도를 취한 건 인생은 본래 환몽과 허영(虛影)으로 이루어진 것으로 본 탓이기에, 무엇이 진실이고 무엇이 허구인지는 그리 중요하지 않단다. 그래서 꿈과 현실을 별개로 보지 않는 그는 가상 세계와 현실 세계의 조화를 통해 자아 정체성을 확립한 인물로 소개된다. 게다 네이밍 또한 절묘하다. 동일인인 현실의 성진(性眞)과 꿈속의 소유(小游). 참으로 아바타의 이름답다. 여러 몽자류 소설 중《구운몽》이 선택될 만도 하다. 홀로 된 어머니를 위로하기 위해 썼다는 이 소설이 훗날 이렇게 새로운 생명을 얻게 될 줄 김만중은 알았을까. 그야말로 상상을 넘어 꿈이 이루어진 경우가 아닐지.

만일 내 글도? 야심차다 할까, 싱겁다 할까, 어느 쪽이든 좋다. 뉴런에게 동원령을 내려 부족하나마 상상의 양탄자를 타고 동서양을 노닐다 보면 하루가 슴벅, 간다. 현실에 압살(壓殺)당했다는 느낌이 가뭇해진다. 이외에 암담한 세상을 살아가는 또 하나의 방법은 희망을 품어보는 일이다. 세상을 만드신 분은 괘씸한 예루살렘을 함락시킨 뒤에도 잊지 않고 희망이란 무지개를 때마다 선물하셨다. 하여 인간은 어느 경우에라도 행복을 향해 나아가는 물성(?)을 갖게 된 게 아닐지.

이러다 보니 스노 글로브 안이 축구공만 하게 보이다 우주만 한 크기로 확장된다. 47년을 날아가도 끝에 닿지 못하는 우주의 크기. 상상의 크기는 무한대다.

환(幻)이거나 영(影)이거나

　요정이 산다, 벌써 떠났다로 의사당이 논쟁하는 이 나라. 이게 무슨 판타지? 지구상에 아직도 이런 나라가 정말 있다고? 있단다. 그들은 초록색 모자와 재킷을 입은 멋쟁이 요정 레프러칸이 그려진 유리문을 '요정 전용' 출입문이라 하며 출입을 제한한다. 요정들이 사는 숲을 지키기 위해 고속도로 건설 계획을 세우고도 일정을 연기하고 설계도도 변경했다. 산악도로에서 요정들이 길을 잃을까 봐 표지판도 세웠다. 의사당에선 의원들이 클레어 지역의 페어리 숲에서 요정들이 일하는 모습을 봤다고 주장하는 편과 이미 그 숲을 떠났다는 편이 나뉘어 싸웠다. 요정을 진짜 믿는단 말이야, 가 아니라 '아직 거기 산다'와 '다른 곳으로 이주했다'로 나뉘어 논쟁을 한다니…. 이게 레알 실화?
　이 기사와 비교되는 기사 제목은 정치는 유해하고 나는

무력하다… 미국 의원 37명 무더기 불출마 선언이다. 미 의원들은 워싱턴 정가의 유해한 정치 환경에서 자신의 삶을 의원직 수행으로 희생할 가치가 전혀 없기에 불출마를 선언했다. 워싱턴이 망가졌다는 그들 중엔 13선, 14선 의원들도 있고, 그중 22명은 정치를 아예 접는다고. 이들의 의회 탈출 물결은 미 민주주의가 붕괴하고 있다는 경고음이라고 NYT는 보도했다.

  그 배경엔 폭력화한 정치 상황이 있지 않을지. 이는 역대 대통령 중 가장 파괴적인, 키 큰 노랑머리 전직 대통령으로 해서 촉발됐다. 공격적 투자하듯 폭력을 휘두르며, 뜻을 관철하기 위해 의사당 데모까지 선동하고, 끊임없이 제기되는 성폭력 소송들을 돈으로 무마하는 그로 해서 미 민주주의는 우울증에 걸렸다. 그를 흉내 낸 후안무치의 폭력이 거리에 횡행해 공정이 설 자리가 없다. 그런 그가 대선 철을 맞아 다시 돌아와 맹활약이다. 그에게 표를 주려 하는 표심엔 어떤 욕망이 묻어 있는 걸까. 청교도 건국 정신은 어디로 가고 오로지 나만 아니면 돼, 하는 그 표심. 정치는 국민에게 판타지를 제공해야 한다고 JP는 말했거늘. 그는 정치는 예술이라고 한때 젊은이들을 도취시킨 적이 있다. 정치인이 사기꾼이 될 줄 그도 몰랐을까.

  이러다 보니 '삶은 불안, 정치엔 환멸. 미국 10대 정신건강 후퇴 이유는 SNS' 같은 기사도 뜬다. NYT는 최근 미국 젊은 층의 정신 건강이 이전 세대보다 후퇴했다는 분석을 내놓았다. 그중 예비 유권자인 10대들은 기후변화·낙태·중동에서의 전쟁 등 사회 이슈에 큰 관심을 지녔지만 정치가 자신들의 목소리를 대변하지 못한다고 느낀다고. 또한 12~17세 응답자 중 2/3는 정치권이 젊은 층의 요구와 경험을 반영하지 않는다고 생각한다고 보도했다. 또한 미래에 부모보다 잘 살 수 있으리라는 응답은 절반에 못 미쳤다. 그 주범은 SNS라고. 즉 소셜미디어의 디지털화라고 NYT에 말했단다. 심지어 NYT만 문제 원인을 이리 꼽은 게 아니라, 미 보건복지부도 소셜미디어가 아동·청소년의 정신건강에 해롭다는 증거가 많다는 우려를 발표하며 더 안전한 SNS를 만들고, 청소년의 SNS 사용 시간은 줄여야 한다, 등의 조치를 권고했단다.

폭력이 오락화돼 OTT를 점령하고, 정가까지 잠식해 민의를 반영하지 못하는 현실이다. 그래서 온라인 사전 사이트 딕셔너리닷컴이 2023년 올해의 단어로 '환각을 느끼다'를 선정했다는 기사가 인상 깊었다. 선정 이유는 인공지능이 언어와 삶의 미래에 미치는 파급 효과를 가장 잘 나타내는 단어라 판단됐단다. 사용자의 의도에 반하는 거짓 정보를 생성해 마치 진실인 것처럼 제시하는 행위라는 새로운 의미를 갖게 됐다고. 작년에 비해 이 단어가 85% 더 검색된 것이 그 근거란다.

환각이란 외부 자극 없이 어떤 사물이 있는 것처럼 지각하는 상태를 말한다. 여기엔 환시, 환청, 환후, 환미 같은 감각이 동원된다. 그동안 우리는 인공지능이 우리에게 편리한 생활을 가져다주리라는 환상 속에서 그 발전 상황을 지켜보았다. 한데 그 환상을 뛰어넘어 환각이라… 환각 옆에는 무분별, 폭력이 나란히 서 있건만. 환각이 올해의 단어로 선정되는 오늘날의 문화는 일정 부분 환멸을 불러온다. 환상, 환각, 환멸… 어쨌거나 삶은 환(幻)이다. 있고도 없음. 그림자처럼 없고도 있음. 근래 양자 역학이 이 의미를 확실히 자리매김해 줬다.

폭력을 환각으로 맞서는 세상, 이왕이면 환멸보단 환상이 낫겠다. 요정이 산다, 떠났다 논쟁하는 나라, 아일랜드식 해법이 필요할 듯싶다. 그들은 문제를 '내 말이 맞지만 네 말도 일리가 있다.'는 식으로 해결한단다. 기나긴 식민지 착취를 당하며 기묘한 공감 능력이 생겨, 억울함과 고통에 유달리 민감한 탓이란다. 무수한 침략과 지배당하기로 말하면 한국도 못지않은데….

꽃 진 자리 두 개의 무덤

　참외를 깎으려면 늘 떠오르는 후배가 있다. 무려 50여 년 전에 헤어졌건만. 그 애는 우리 일행이 해인사 여행하고 있을 때 뒤미처 거기에 왔다. 출가하려 한다고. 말하자면 우리는 그 애가 속세에서 만난 마지막 사람들이었던 셈. 거기서 며칠 지낸 뒤 그 애는 비구니의 절 석남사로 떠났다. 세상이 왜 공평하지 않은가, 이유를 알고 싶어서란다.
　그 애를 한 번 더 만난 건 오대산 적멸보궁에 간 길에서였다. 하안거를 위해 그 근처 절에 제 스승과 머물고 있었다. 세상이 왜 불공평한지 이유를 알아냈을까. 평생의 업이 될지도 모르는 일. 그 애 얼굴엔 평안과 비구니가 경험하는 노동의 피곤이 살짝 갈마들었다. 제 스승과 우리 앞에 참외를 깎아 내놓는 모습에 영혼의 고요가 느껴졌다. 서걱 씹히는 참외의 식감 속에 궁금함을 꿀꺽 삼켰다. 그 후로 그저 소문만 들었다. 좋은 스승을 만나 공부의 도를 잘 이루어가고 있다고.

그 애의 출가가 지금까지 내 안에 납덩이처럼 가라앉아 있는 이유는 사실 나조차 그게 궁금했기 때문이다. 왜 공평하지 않은지 예민하게 따져 볼 여유 없이 뉴욕에서 23년, 시애틀에서 15년의 객지 삶을 살아왔다. 그러나 내 안에서 이따금 살아나는 질문을 거둘 수는 없었다. 가령 〈아모스〉 5장 24절, '정의를 강물처럼 공의를 시냇물처럼 흐르게 하라.'를 읽다 보면 안으로 울컥 흐르는 눈물을 저절로 삼키게 된다. 바람에 우는 문풍지처럼 왜 이 문장에 민감하게 반응하게 될까.

이유는 없다. 그저 내가 그렇게 생겨 먹었다. 받은 본질이 그것 때문이 아닐지. 굳이 따져 보자면 어린 시절의 경험 탓일지도 모른다. 구호물자로 밀가루가 나왔을 때 오빠들은 뭘 했기에 내가 그 배급을 받으러 갔는지. 어머니가 시키는 대로 동회에 갔으나 초등학생인 내겐 차례가 오지 않았다. 힘세고 덩치 큰 어른들 사이에서 온종일 밀리며 울분을 삼키며 밀가루 한 포대 받기까지 세상은 힘센 사람의 자리밖에 없다는 걸 톡톡히 알게 됐다. 공평이란 무엇일까. 학생 혁명과 군사 혁명을 거치며 사회는 그래도 줄 설 줄 아는 사회로 변모해 갔고, 줄 서기 할 때마다 그래도 살아볼 만하다고 감동 비슷한 걸 느끼곤 했다.

그간 이런 연유로 내 글 속에 공평에 관한 피력이 많았나 보다. 최근 내가 펴낸 책을 받은, 한국의 친구로부터 연락이 왔다. 자유와 평등, 이중에 자신은 자유를 선택할 것이라고. 평등은 마르크스 이후에 생긴 현대 개념이며 자유는 근원적이라고. 뭐, 동의하긴 한다.

하지만 근원적인 평등 개념은 좀 더 거슬러 올라가 보면 구약의 《출애굽기》부터다. 십계명을 주신 여호와는 뒤이어 바로 11계명쯤에 해당하는 순서로 종에 관한 율법을 주셨다. 종에게도 하나님의 사랑이 공평하게 적용된다고. 신약의 예수님 제자들은 가르침에 따라 물자를 공용했다. 물자 공용 사회, 신약의 에덴이 아니었을지. 이 이상 사회는 사재(私財) 욕망을 드러낸 한 인간으로 해서 다시 깨졌다. 욕망의 존재인 한 인간은 평등 상태, 즉 에덴 상태를 지속하기 어렵다. 예수님은 물 위를 걸으셨으나 인간은 걸을 수 없다. 언제나 욕망의 파도가 일어 수면을 뒤집으므로 그 위를 걸을 수 없다. 착지가 안 되기에 보행 불가능이다.

자유로 말하면 이는 에덴 시절부터 받은 천부(天賦)다. 자유를 누릴 것인가, 반납하고 욕망을 선택할 것인가, 인간의 대표 하와는 욕망의 존재 선조답게 선악과를 선택했다. 이걸 그림으로 그려 보면 천부적으로 받은 자유가 수직을 이루고, 인간이 구현해야 하는 공평이 수평을 이루게 된다. 두 막대기, 이 이분법을 없애려 예수님이 오셨다. 십자가 가운데 못 박힐 수밖에 없는 분이셨다.

하기에 자유와 평등은 둘로 나눌 수 없다. 인간의 기본권, 둘이며 하나인 기본권이기에. 인간은 자유와 평등 두 날개로 나는 새와 같다. 욕망으로 젖은 날개를 균형 잡으려 애쓰는 고단한 존재다. 부득불 하나를 선택할 일이 생기면 전쟁이 일어난다. 우리는 2차 대전 이후 개편된 세계 질서를 알고 있다. 자유와 공산(=평등). 그러나 이상 사회로 생각했던 공산권은 무너지고 지금 남은 건 불쾌한 독재뿐이다. 더욱이 한국은 2차 대전 연장선에서 한 번 더 전쟁을 경험했다.

한국전쟁 동안 자유를 거세당했던 존재의 부조리를 선명하게 드러낸 문학 작품엔 장용학의 《요한 시집》이 있다. 예수가 오심을 알리기 위해 태어나 은쟁반 위의 제물이 됐던 요한처럼 자유를 그리워하고 추구하던 토끼는 실명하고 말았다. 토끼가 실명의 고통 속에 죽고 그 죽은 자리에 버섯이 피어났다. 다른 짐승들은 그 버섯을 자유의 버섯이라 불렀고, 그 버섯에게 절 한 번 하고 나면 왠지 마음이 후련해지곤 했다. 이 작품은 어린 시절 큰 충격이었다. 내 글쓰기에 많은 영향을 미쳤다.

그러나 지금에 와 생각하니 좀 아쉬운 점도 있다. 자유만 침해당한 게 아니라 평등도 깨졌는데 장용학은 왜 이

점에 대해 모호할까. 그도 자유와 평등을 이분화한 것일까. 하긴 그가 이 작품을 쓴 동기가 사르트르의 《구토》를 읽고서였다니. 이제 나이 먹은 내 생각은 짐승들이 찾아와 절한 무덤이 한 개가 아니라 두 개여야 맞지 않을까 이다. 섬, 빈민굴, 해안선, 철조망 등으로 상황의 한계를 설정한 장용학은 극복해야 할 철조망에 목매 죽은 누혜로 인간의 비극, 즉 비인(非人) 탄생을 조명했다. 가난의 한계는 자유의 문제만이 아니라 불평등의 문제도 있건만. 그러니 자유와 평등, 두 개의 무덤이 설정돼야 인간의 문제가 온전히 드러나지 않았을지. 인간이란 꽃이 지고 드러난 자리에 흔적처럼 남을 두 개의 무덤.

그동안 참외를 대하면 후배가 떠오르곤 했는데, 이젠 독후감을 보내준 친구도 떠오를 듯하다. 그러면 달큰한 참외 맛이 자유와 평등이라는 두 개의 레고같이 딱딱하게 변질되는 건 아닐지. 하지만 참외가 제 본질인 달큰한 맛을 잃을 리 없고 후배도 친구도 그리운 존재이니 그리움이 가실 리 없을 듯싶다. 자유와 평등을 간섭이나 억압 없이 공기처럼 호흡하는 상태, 에덴이 영원성을 갖기에 그리움의 대상이듯.

미친 듯 놀아보자 2

-움베르토 에코 《미친 세상을 이해하는 척하는 방법》

노 브레인의 〈미친 듯 놀자〉를 듣다 눈에서 비늘이 벗겨졌다. 미친 듯, 이게 오늘의 중심어구나, 하는 대오(大悟)였다.

농경사회 끝자락에 태어난 우리는 공동체 삶이 익숙하다. 그리움의 뿌리도 예 있다. 그 시대 서양철학은 휴머니즘과 구조주의에 걸쳐 있었다. 백남준이 망치로 피아노 부순 일을 해외 토픽으로 접하던 시절이다. 지금은 포스트모더니즘의 시대, 몇 사조(思潮)를 건넜는지도 모르겠다. 떠밀려 와보니 여기다. 무엇을 지향해야 하는지도 모르겠고, 어떻게 적응해야 하는지도 모르겠다. 살수록 점점 더 삶이 낯설다. 솔직히 말해 불안하다. 적응이 벅차다. 이런 우리에게 도착한 시공간이 어디인지 구체적으로 설명해 준 사람이 움베르토 에코다.

요즘은 생각의 집이라는 언어마저 따라잡기 어렵다. 꿀잼, 꿀알바, 개이득, 캐안습, 핵인싸, 핵아싸. 강세 접두사로 해서 뭔가 감정의 인플레이션이 일어난 건 눈치로 알겠는데 이게 다 뭔가…. 생각의 인플레이션은 언어의 변화를 가져온다. 언어의 인플레이션은 생각의 변화를 가져온다. 끊임없이 맞물리는 사이클로 해서 언어의 갈 데까지 간 꼴을 봐야 할 것만 같다. 생각과 감정을 담아낼 언어가 용량 부족이니 어쩔 도리 없다.

TV가 등장하고 김수현 드라마에서 아이들이 어른들에게 박박 대드는 불손함이 어이없던 때가 있었다. 그게 캐릭터의 리얼리티를 위해서라고 이해는 했다. 그러나 그것을 기점으로 대중문화가 국민 정서에 영향을 미치기 시작했다. 현실과 드라마가 앞서거니 뒤서거니 국민의 생각을 증폭시켜 오늘의 막장 드라마에 도달했다. 그리고 욕하며 시청한다.

근래엔 신세대 의식의 주요 키워드를 5개로 정리한단다. 겟꿀러, 노멀크러시, 팩트광, 나로서기, 팬텀세대*. 이건 또 무슨 말인지. 겟꿀러는 궁극의 소비를 위한 나만의 만족을 찾는 사람. 노멀크러시는 보통의 정서를 흠모하는 사람. 보통의 존재, 보통의 가치에 눈떴기 때문이란다. 팩트광이란 초 단위로 무자비하게 쏟아지는 콘텐츠 속에서 똑똑하게 진짜 팩트를 스스로 찾아내고 팩트로 소통하는 사람을 뜻한단다. 나로서기는 외부의 치유에 기대지 않고 나로서 홀로서는 사람. 팬텀 세대는 변화의 주도를 누가 했는지 아무도 모르게 흔적 없는 소통을 나누는 것이란 다. 마스크, 피켓, 포스트잇, 등으로 의사 표시해 강력한 목소리를 내지만, 어떤 흔적도 남기지 않아야 한다고.

이처럼 의식이 바뀌니 공동체적 사회에서 성장한 사람들과 다음 세대는 서로 외계인 보듯 한다. 얼마 전 LA 스타벅스에서 일어난 일이다. 초고속 접속이라 미국 사회나 요즘의 한국 사회나 다르지 않기에 예화로 들 만하다.

매장 직원이 퍼스널 옵션을 추가한 고객에 대해 스트레스를 받고 '오늘 내가 직장을 그만두고 싶은 이유'라는 제목으로 주문받았던 음료 사진을 SNS에 올렸다. 바나나 조각 5개, 캐러멜 드리즐, 휘핑크림, 시나몬 돌체 토핑, 캐러멜 크런치, 허니 블렌드 1번, 자바 칩 7번, 등 13가지 추가 주문이었다. 이 맛을 다 합하면 도대체 어떤 맛이 될까. 그러나 직원은 해고당했다. 고객을 험담했다는 이유로. 주문은 고객의 합리적인 요청이었단다.

스타벅스는 기존 스타벅스 음료에 고객들이 원하는 재료를 추가할 수 있는 '퍼스널 옵션' 서비스를 제공한다. 틱톡 등 SNS에서는 '스타벅스 챌린지'라며 서로 즐겨 먹는 퍼스널 옵션 조합을 공유한다. 50개 토핑을 자랑하는 사람도 있다. 직원들의 불평이 이어지고 고객들조차 불만이 이어진단다. 긴 줄로 해서 지친다는 보도였다. 무슨 결핍이 그리도 많아 음료수 한 잔에 원풀이(?)를 몽땅 하려 하나. 광기다. 상술은 광기를 조장하고 그 조장된 에너지에 상술은 더 자극을 받아 광기를 부추기는 악순환이 이어진다.

아이스크림 집에서 뜸 들여가며 토핑 대여섯 가지 얹는 사람들에게 뒷사람을 배려 안 한다고 속으로 비난해 본 적 있고, 포키 집에서 일일이 옵션 묻는 일에 성가셔 했던 경험도 있기에 그런 과도함에 멀미가 난다. 아무리 자아 발현도 좋지만 과유불급이다.

위와 같이 불평해 보지만 나는 안다. 그게 사고방식의 다름이라는 것을. 절제를 미덕으로 알아 온 세대와 달리 그들은 장황한 주문을 놀이로 생각한다. 그들에겐 즐기는 일이 미덕이다. 단지 파편화된 의식과 광기, 즉 유동 사회가 되어 가는 속도에 내가 부응하지 못하는 게 문제다. 문학조차 이에 따라 난해해져 가는데⋯.

유동 사회에 대해 움베르토 에코는 그의 유작《미친 세상을 이해하는 척하는 방법》(박종대 역, 열린책들 간)에서 다음과 같이 말한다. '유동 사회(액체 사회, Liquid Society)' 또는 '유동 근대'를 이해하려면 지그문트 바우만의《위기의 국가》를 읽어야 한다. 그에 의하면 개인에게 시대의 문제를 동질적 방식으로 해결할 가능성을 보장하던 조직체는 사라졌고 그런 조직체(즉 국가?)의 위기와 함께 이데올로기의 위기 역시 심화됐다. 정당의 위기도 고조돼, 개인의 욕구를 이해하고 해석하면서 조직의 일원이라는 소속감을 개인에게 심어 주던 가치 공동체도 전반적 위기에 빠졌다.

공동체 개념의 위기와 함께 개인주의가 생겨났다. 누구도 더는 타인의 동반자가 아니다. 주변엔 오직 자신을 지켜 내야 할 경쟁자나 적뿐이다. 이로 해서 근대의 근간이 허물어지고 확고한 기준점도 흔들려 모든 것이 어느 정도씩 유동하는 상황이 생겨났다. 우리는 법에 대한 믿음을 잃었고 무슨 수를 써서라도 남의 눈에 띄는 것이 기준점 없는 개인의 유일한 해결책이 됐다.

돈으로 자신을 드러내는 소비 행태가 그것이다. 이 행위는 대상을 소유, 즐기는 것이 아니라 욕망의 대상을 구매하자마자 바로 폐물로 만들어 버리면서도 폭식증 환자처럼 구매 충동에 사로잡혀 이것저것 계속 집어 드는 것이 목표다. 스마트폰을 보라. 성능 면에서 별 차이 없는데도 이런 광란의 욕망 대열에 참여하려 멀쩡한 폰을 폐물로 만들어버린다. 정치도 마찬가지다.

이런 사회적 유동화에서 어떻게 대처해야 할까. 국가를 통해서건 혁명을 통해서건 위로부터의 구원에 대한 믿음이 사라져버린 이 시대의 전형적인 특징은 분노를 동반한 항의 운동이다. 그러나 이 운동은 자신이 무엇을 원하지 않는지는 알지만 자신이 무엇을 원하는지는 모른다. 게다 이런 저항 그룹들을 과거의 아나키스트나 파시스트와 같이 하나의 범주로 묶을 수도 없다. 이런 유동화 물결 속에 살아남을 가능성은 있을까.

있다. 우리가 유동 사회에 살고 있다는 사실을 자각하고 그런 사회를 이해하고 극복할 새로운 수단이 필요하다는 사실을 분명히 인식하면 된다. 다만 한심한 것은 정치인과 대다수 지식인이 이 현상의 의미와 파장을 아직 깨닫지 못한 점이다.

이처럼 국가·공동체의 위기, 각자도생(=복세편살?), 이기적 개인주의, 예측 불가능성, 등 흐르는 액체처럼 불안정한 사회와 삶을 다각도로 살핀 그는 그렇다고 변화를 냉소하지는 않는다. 위대한 책과 예술이 우리에게 힘이 되어 줄 것이란다. 세상에는 여전히 웃음과 희망이 남아 있다며.

그는 위트 있는 문장, 촌철살인의 시선으로 독자를 매혹한다. 이 유동 사회인들은 사회적 인정을 받기 위해서라면 모두에게 무시당하는 성실한 사람보다는 세상 사람들이 모두 알아보는 도둑이 되고 싶어 한다고. 드러내고 싶은 욕망으로 해서 사생활이 다 드러나도 사는 데 아무 지장이 없다. 그런 식으로만 자신이 살아 있다고 또 사회의 능동적인 일원이라고 느끼기 때문에. 물론 이것은 이탈리아 사회 얘기지만 그렇다고 한국 사회는 아니란 얘긴 못한다.

포스트모던의 세계에선 아름다움과 추함의 대립이 모두 사라져 과거의 아름다움과 혐오를 함께 즐기게 된다는 레트로 문화 현상에 대해서도 언급한다. 그 외 핸드폰은 페니스의 연장이라든지, 사진 찍기에 몰두하여 현상은 사라지고 사진만 남으며, 빨리빨리 정신이 광기를 낳았다든지, 좌파는 항상 아니요, 라고 말할 수 있어야 하고, 네, 라고 말하기 시작할 때 보수화돼 간다며, 아니면 나가서 새로운 정당을 만들어야 한다든지, 등등 새로운 시각으로 가독성을 높인다. 그리하여 읽는 도중 우리 삶의 현재 위도와 경도가 어딘지를 깨닫게 한다.

아직은 웃음과 희망이 남아 있다는 에코의 말은 '삶은 늘 따로 또 같이 이루어져 왔다.'라고 바꿀 수 있다. '따로'라는 파편화된 관계, '같이'라는 공동체적 관계는 서로 조화를 이루며 면면히 이어 왔기에. 이제라도 같이 살기 위해선 함께 미쳐야 하리. 미치지 않고는 살 수 없는 세상, 정민 교수는 말했다. 미쳐야(狂) 미친다(及). 미친 듯 놀아야 하는 까닭을 심히(?) 납득하겠다. 현재라는 용광로 속에서 지금을 껴안지 못하는 자는 찌질이다. 그러나 예레미야는 물었다. 네가 네 몸 베기를 어느 때까지 하겠느냐고. 어쩔꼬!

요즘 세대의 고민은 다채롭다. 노(怒) 브레인의 음악도 좋지만 오늘은 라비던스의 〈무서운 시간〉도 들어야겠다. 어느 시공간으로 떠밀려 가도 마음만은 잃어버리지 않을 준비를 해야겠기에.

*겟꿀러 : get(얻다)+꿀(만족)+-er(~하는 사람).
노멀크러시 : normal(보통의)+crush(반하다).
팩트광 : fact(사실)+광(狂, 열광하다).
나로서기 : 나로서+홀로서기.
팬텀 세대 : phantom(유령)+세대.

지는 것이 꽃만이랴 2

내가 처음 만난 미국은 전쟁 뒤 미아삼거리에 앉은 미군 부대와 그 곁 텍사스 골목의 사진관에 걸린 한국 여인들이었다. 그다음 만난 미국은 싱클레어 루이스의 소설 《메인 스트리트》를 통해서였다. 미국의 첫 노벨문학상 수상작이었던 이 작품은 을유문화사의 세계문학 전집 속에 들어 있었다. 손때 묻은 초록색 양장 표지를 펼치자 미국 여인들의 삶이 펼쳐졌다.

도시 여인 캐롤은 시골 의사와 결혼해 그의 마을에서 결혼 생활을 시작했다. 루이스가 이 작품을 통해 말하려 한 것이 미국 중산층의 완고한 삶과 사회의 위선에 대한 비판과 풍자였으니 그 신혼이 로맨틱할 리는 만무. 읽다가 신경이 발딱 일어선 곳은 그로서리 구입하는 대목이었다. 남편이 생활비를 챙겨 주는 것이 아니라 필요할 때마다 타야 해서 굴욕감을 느낀다는 주인공의 갈등에 의심이 생겼다. 우리 어머니도 안 타서 쓰는 돈을 미국 여자가 타서 쓴다고? 미국도 알고 보면 별거 아니네. 미국이 진짜 자유의 나라일까. 그랬기에 아무 기대도 없이, 가족이 모여 살기 위해 뉴욕에 도착했다.

그러나 독서로 알고 있던 미국은 과거의 미국이었다. 국가도 구성원의 힘으로 성장 변화한단 사실을 그땐 미처 생각지 못했다. 경험으로 만난 미국은 좀 더 분방(奔放)한 나라였다. 아들의 초등학교 졸업식에서였다. 졸업생들의 의복이 다양했다. 양복과 드레스를 착용했나 하면 구겨진 반바지와 티셔츠, 슬리퍼를 끌고 오기도 했다. 학부모도 마찬가지였다. 졸업생들 입장하는 분위기도 올림픽 개막식 미국 선수들의 자유분방함과 다르지 않았다. 제식 훈련 때 발이 틀려서 꿀밤 맞으며 모멸감을 느끼던 내겐 이런 세상도 있구나, 놀라운 일이었다. 자유가 학습이 안 된 탓이었다.

그런 이질적 경험을 또 하게 된 건 몇 년 뒤 루돌프 줄리아니 뉴욕시장 취임식 중계에서였다. 그러지 않아도 해골처럼 마른 얼굴에 어울리지 않는 미소를 띠어 서먹한 판에 취임사 하는 장면에 아이까지 등장했다. 아이는 ADHD 아동처럼 몸을 비비기도 하고 연단을 맴돌며 그에게 매달리기도 했다. 그는 한 손으로 아이를 다독이며 연설을 이어갔다. 한국 같으면 위용을 위해 경호원이 나설만도 한데 아무도 말리지 않았다. 다음 날 신문에 그 광경이 실렸다. 아이는 그의 아들이고 그런 가족적인 모습이 새 시장의 친근한 이미지에 도움이 됐다는 기사였다. 미국 사람들의 질서 의식은 저런 거로구나, 신세계에 대한 또 한 번의 학습 경험이었다. 관용 속에 지켜지는 질서랄까. 자율이 미국의 성장 에너지구나, 알게 됐지만 역시 낯선 학습이었다.

그처럼 관대한(?) 취임식을 치른 그는 그러나 시정(市政)에선 칼 같았다. 당시 뉴욕은 마피아 전성기로 치안이 큰 골치였다. 내가 일하는 86가만 해도 마피아가 장악하고 있었다. (아이들조차 장래 희망이 마피아라고 말하기도 했다.) 그는 깨진 유리창 이론을 지지하여 범죄 통계 시스템을 도입, 지역별 범죄 유형 등을 분석하고 연방 검사로 마피아를 소탕하던 실력을 발휘해, 범죄와의 전쟁을 벌임과 동시에 강력한 행정 지도로 치안을 안정시켰다. 뉴욕이 안전해져 관광과 예술의 도시로 거듭난 건 그의 공로라고 한다. 그는 그때까지 가장 인기를 누리던 카치 전임 시장에 못지 않은 인기를 누리며 시민을 위한 재개발에도 큰 관심을 보였다.

내가 좀 더 그를 기억하는 건 개인적 이유에서다. 어느 해, 시 공사하는 인부들이 가게에 와서 마구 설쳐댔다. 민원을 내려 했으나 연락처를 알 수 없었다. 그 공사엔 표지판조차 없었다. 시 조례엔 공사를 할 경우 공사 개요와 연락처를 적은 표지판을 부착해야 한다고 돼 있다. 개인에겐 법을 지키라고 하며 시는 왜 법을 지키지 않는가. 나는 되지도 않는 영어로 시 조례를 지켜 달라고 시에 편지를 썼다. 이에 그는 친필 사인이 들어 있는 답장을 보내줬다. 관심을 갖고 의견을 말해 시정에 도움을 줘서 고맙다고. 물론 준비된 문안에 사인만 했을 터이다. 그러나 그게 어디인가. 인천시에 땅 반환 문제로 이의를 제기한 적이 있다. 그때 답장은 담당자의 짤막한 두 줄이었다. 시장이 사인을 하다니. 루디, 멋지다. 나는 그의 팬이 됐다. 소통을 아는 인물은 사회와 국가의 희망 아닌가. 그는 루돌프 사슴 캐리커처로 시민의 사랑을 받았다.

나아가 9·11 사태로 해서 절망에 빠진 국민을 구했다. 충격과 공포에 빠진 시민들을 위로하고 구조대의 선봉장으로서 소방대와 경찰을 독려해 미국의 영웅이 됐다. '미국의 시장'이란 별명도 얻었다. 신문은 그라운드 제로에 우뚝 선 슈퍼맨 만화에 그의 얼굴을 그려 넣었다. 내일, 뉴욕은 여기에 있을 것입니다. 우리는 재건할 것이고 이전에 우리였던 것보다 더욱 강해질 것입니다. 테러리즘은 우리를 멈출 수 없습니다. 이런 가슴 울리는 명언을 남긴 루디를 어찌 사랑하지 않으랴. 차기 대권설에 등극(?)할 만큼 국민은 그에게 열광했다. 더욱이 그는 그때 전립선암과도

투병 중이었다. 《타임》의 표지 인물로, 엘리자베스 2세 여왕의 명예 훈장으로 세상은 그의 강인한 용기를 기리며 전폭적 신뢰를 보냈다. 정의, 정직, 용기를 가치로 삼는 그와 같은 인물이 있는 한 미국은 살아볼 만한 나라였다.

이런 그에게 참혹한 반전을 보게 될 줄이야. 시애틀로 온 뒤 그가 트럼프의 변호사가 됐다는 기사에 눈을 의심했다. 역시 세상은 내 머리로 이해하긴 역부족이구나, 인간의 흥망을 어찌 알리요…. 그 후로 언론에 등장하는 그의 기사는 민망 그 자체다. 트럼프 대선 불복 기자회견에서 부정선거 음모론을 주장하는 그의 두 뺨 양쪽으로 검은색 염색약이 땀과 함께 줄줄 흘러내리던 장면. 그때 흘러내린 건 염색약과 땀만이 아니었다. 미시간주 하원에서 열린 대선 불복 청문회에선 방귀를 참지 못해 두 번의 방귀 소리가 마이크를 통해 들리는 망신을 당했다. 그 전 10월 말에는 한 코미디 프로그램의 몰래카메라에 당해 성행위를 위해 침대에 누운 모습이 공개됐다. 게다 코로나19 확진에 치료 후 퇴원하면서 트럼프 측근이라서 특별대우를 받았다고 자랑하는 주책도 떨었다. 뉴욕 시민이 사랑하던 루디는 어디로 갔나. '썩은 사과'를 회복시킨 슈퍼맨 루디는 어디로 갔나. 인물의 성쇠에 따라 사회도 부침(浮沈)을 거듭하기에 참으로 안타깝기 짝이 없었다.

그의 부침에서 빌 코스비도 떠오른다. 〈빌 코스비 쇼〉

를 통해, 지성을 갖춘 흑인으로 부각된 그는 흑인의 롤 모델이었으며, 나아가 미국 아버지상을 대변했다. 한국식으로 국민 아버지에 등극했달까. 교육학 박사 학위도 받은 그는 기부 활동과 장학 사업도 활발히 했다. 2002년 부시 대통령은 자유 메달을 수여해 그에게 광휘를 더했다. 세상은 그를 통해 흑인에 대한 편견을 버렸다. 그러나 그는 성 추문을 통해 몰락했다. 학력과 학위도 그의 유명세와 연예 권력으로 얻어진 함량 미달의 것이라고. 전설이 될 뻔했던 그는 36명의 여성을 성폭행한 혐의로 재판을 받고 수감 중, 적법 절차에 하자가 있다 하여 석방됐다. 만일 그가 국민 아버지로 남았더라면 미국의 흑인 문제 해결에도 선한 영향력을 끼치지 않았을까. 사회적 측면에서 코스비나 줄리아니의 추락은 정말 비애롭지 않을 수 없다.

이런 점은 한국에서도 마찬가지다. 인기 있던 명강사가 곡학아세(曲學阿世)의 인물로 추락할 때, 국민이 부른다고 착각해 정치판에 뛰어들어 명성을 훼손하는 인물을 볼 때, 아깝고 서글프다. 종교인은 어떠한가. 무소유 인사의 풍요로운 해외 여행기는 우리를 입맛 쓰게 했다. 신도와의 관계를 고백하고 목회를 그만둬 뉴욕 바닥을 들었다 놓은 분의 얘기는 지면이 아깝다.

줄리아니의 말년 화룡점정(?)은 골프 선수 미셸 위에 대한 성희롱 발언이다. 못난이의 여건을 골고루 갖춰 가는 우리의 루디, 끝자락에 스타일 팍 구긴 루디. 이렇게 해서 뉴욕의 영웅은 져버렸다. 지는 것이 꽃만이랴. 인간도 진다. 꽃이 지면 열매를 맺지만 인간이 지면 무엇을 남기나. 역사란 흔적을 남긴다. 역사란 트랙 위에서 누구도 내릴 수 없다.

현재 미국에서 줄리아니와 비슷한 곡선을 그릴 가능성 높은 인물로 빌 게이츠와 제프 베이조스를 꼽을 수 있다. 두뇌로 쌓아 올린 부(富)로 세계에 막강한 영향력을 미친 그들의 후반부가 어찌 펼쳐질지, 어떤 궤적을 그리며 굴절될지, 관심으로 지켜보게 된다.

공교롭게도 이들은 시애틀 거주자들이다. 시애틀 근교에는 세계적 기업이 많다. 아직도 보잉 필드와 박물관을 남기고 있는 보잉사(머킬티오와 에버렛시)를 필두로, 익스피디아, 스타벅스(이상 시애틀시), 벨뷰시로 옮겨 오고 있는 아마존, 마이크로 소프트(레드몬드시), 코스트코(이사콰시), 블루 오리진(켄트시) 및 항공 우주 관련 회사뿐만 아니라 최근 시애틀시에 사무실을 마련한 구글, 애플, 페북 등으로 해서 이곳이 제2의 실리콘밸리, 아니 클라우드 수도가 될 가능성도 보인다. 이는 인재들이 모인단 뜻. 이들로 해서 미국은 또 어떻게 변화돼 갈지 어떤 성장을 이룰지, 자못 흥미롭다.

캐롤이 《메인 스트리트》에서 느꼈던 여성의 억압에서 오늘날은 트럼프 대통령 앞에서 그의 연설문을 찢어 단상에 내던진 낸시 펠로시 하원의장으로 대변되는 패기 넘치는 여성 파워를 맞이했다. 초등학교 시절 인식했던 미국은 지금으로 보면 낙후된 미국이었달까. 미국은 지금도 여전히 세계의 리더 국가 역할을 감당해 내고 있다. 줄리아니와 같은 부침을 겪으면서도 이처럼 변화 성장해 가고 있는 이유는 모두가 소수인 인물군(백인도 소수 그룹이 되어간다.)이 다양하게 뒤이어 오고 있기 때문이다.

치열했던 삶을 남긴 동부 뉴욕을 떠나 은퇴해 옮겨온 서부 시애틀, 즉 워싱턴주는 캐스케이드 산맥을 등뼈 삼아 동서로 나뉘어, 주도(州都) 올림피아시를 비롯해 산자락마다 마을과 호수를 품고 있다. 오늘도 창밖의 새마미시 호수의 이마와 눈이 흐려 있다. 겨울은 비요일(雨曜日)의 연속이기 때문이다. 새마미시 호수는 새마미시, 레드몬드, 벨뷰, 이사콰 네 개의 시를 품고 있을 만큼 넓고 깊다. 지금쯤 누군가 이사콰 코스트코에 주말 장 보러 갔다 호수에 홀려 팔걸이 접이의자 하나 펴고 휴식을 취하고 있을지도 모른다. 그런 여유가 여기엔 있다. 괜찮아 보이는 일상 풍경이다. 그러며 꽃은 지겠지. 미약하나마 흔적을 남기며 자연스럽게 훌훌. 합력하게 하여 선을 이루시는 분의 뜻에 따라 만물은 사라지고 돌아옴을 반복하니까.

5

은방울꽃
슬픔의 원형처럼
본질적으로 일 인분
보송보송하게 해주세요
아버지의 월급봉투
뜨끈한 설렁탕 한 그릇
등이 따듯했어요
타말을 찾아서

은방울꽃

걷기 알맞은 날씨다. 천연하게 자란 꽃들이 숲속 길섶에 얼굴을 드러내고 환한 미소로 반긴다. 같이 미소로 응답하며 풀꽃 앞에 무심코 주저앉았다. 살짝 풍겨 오는 향기가 머리를 청신하게 한다. 무슨 꽃이지? 깨닫고 보니 은방울꽃이다. 틀림없이 행복해집니다 꽃.

'틀림없이 행복해집니다.'는 꽃의 꽃말이다. 혹은 행복을 다시 가져다준다는 의미로도 쓰인다. 그래서일까, 유명 여배우들의 결혼 부케에 꼭 들어가는 꽃. 심지어 여왕의 꽃이란 별명도 있다. 독일 화가 프란츠 자베르 빈터할터가 영국 빅토리아 여왕의 가족을 위해, 아서 왕자의 첫 생일을 기념하여 그린 초상화에도 이 꽃이 등장한다. 경건한 분위기의 그림엔 아기 예수처럼 표현된 어린 왕자가 이 꽃을 들고 있다. 최근 서거한 엘리자베스 2세 여왕의 결혼식 부케도 이 꽃이었다. 그는 70년간의 행복한 결혼 생활을 영위했다. 여왕 장례식에 가장 많이 쓰인 꽃도 이 꽃이다. 그뿐 아니라, 유럽에서는 5월을 여는 1일 노동절에 은방울꽃을 주고받는 문화가 있단다. 행복을 고양시키고자 하는 기원의 행위라고 보면 될까.

　행복을 약속하는 꽃 앞에서 슬그머니 슬픈 한 사람이 끼어든다. 얼굴도 모르는, 그러나 뇌리에 깊이 박혀 있는 슬픈 존재. 그는 불행했던 사람에게 어린 시절의 전설이 부록으로 꼭 따라 붙듯 영민하고 신중한 아이였단다. 한 집안의 장남이었던 그는 장래가 촉망되는 젊은이로 자랐다. 훌륭한 신랑감으로 근동에 소문이 나 여러 집에서 사위 삼고 싶어 했다. 하여 아름답고 출중한 처자를 맞아 약혼도 했다. 바야흐로 미래가 방장하게 펼쳐질 무렵, 그는 알 수 없는 병에 걸렸다.

　온갖 탕약으로 고임 받으며 열흘쯤 고열에 시달렸던 그가 자리에서 일어나게 됐을 때 그는 더 이상 장래가 촉망되는 젊은이가 아니게 되었다. 다리가 펴지지 않았다. 그의 삶에 비추던 빛이 일시에 꺼지며 그는 앉은뱅이란 꼬리표를 달고 살게 되었다. 약혼이 깨지고 삶의 카오스가 그를 삼켰다. 당시엔 장애를 집안의 저주로 여겼기에 아예 존재 자체를 숨겼다.

　장남의 자리는 동생에게 돌아갔다. 가산과 제사도 당연히 동생에게 돌아가고 그는 동생에게 기숙하는 존재가 됐다. 집안의 기둥으로 한 몸에 기대를 받던 존재에서 남 앞에 나서면 안 되는 존재가 된 그는 집안의 부끄러움이었기에 숨어 지내야 했다. 유일하게 허락된 외출은 뒷산에 나무하러 가는 일이었다. 농촌의 경제가 가족의 노동 경제였기에 들일을 할 수 없는 그가 할 수 있는 일은 누구 눈에 띄지 않는 나무하기였다.

사는 날의 유일한 즐거움은 일 년에 두 번 작은동생 집을 방문하는 일이었다. 날이 풀리는 오월쯤, 추수가 끝난 시월쯤 그는 작은동생 집에 가곤 했다. 오월이면 은방울꽃을 등에 지고, 가을이면 가을꽃을 등에 지고 앉은걸음으로 이웃 마을에 사는 동생 집을 방문했다. 꽃을 받아 들고 환하게 웃는 막내조카를 기쁘게 하고 싶어서 고단한 줄 모르고 갔다.

그 막내조카가 남편이었다. 내가 그 댁에 갔을 땐 이미 돌아가고 안 계신 분이었지만 더욱이 누구도 그분에 관해 입 밖에 꺼내지 않았기에 존재 자체를 아예 알지 못했다. 세상에 왔다 갔는데도 흔적도 없이 자취도 없이 지워진 분. 그 점이 서러웠던지 남편은 비밀처럼 내게 큰 아버지를 고백했다. 전공이 화공이고, 직업이 화학기사인 남편이 꽃을 좋아해 좀 유별스럽다 생각했는데 그런 비극이 있었을 줄이야.

그 얘기를 듣는 순간 잘 울지 않는 내 가슴 안으로 눈물이 뭉텅이가 되어 흘렀다. 내가 이분 얘기를 〈여로〉보다 더 슬프게 써 드릴게. 우습게도 약속해버리고 말았다. 누구에게나 존재의 이유는 있다. 누구도 타인의 존재를 부정할 권리는 없다. 그 참담함을 그분은 어떻게 소화하셨을까. 시아버님이 삼 형제이신 줄만 알고 있던 내겐 놀라운 사실이었다. 사 형제의 맏이였던 분의 자서전이 필요하지 않을까, 이 특별한 이야기를 꼭 써 보고 싶었다. 글로라도 존재를 살려드려야 할 것만 같았다.

남편은 큰아버지에 대한 추억을 이어 말했다. 큰댁에 가면 큰아버지 방에 가서 자야 했는데 풀 빳빳이 먹인 새 이부자리 감촉이 낯설고도 좋았다고. 서걱이는 소리와 느낌이 좋았단다. 또 봄이 오면 산에도 데려가 주셨단다. 그분은 무덤가에 피는 꽃들, 나무에서 피는 꽃들을 잘 보아두었다가 조카가 오면 데리고 가 꺾어 주셨다고. 둘 사이에서만 오가는 마음 때문에 남편은 자주 큰댁에 갔고 은방울꽃 피는 오월이 가장 좋았다고 했다. 큰아버지에 대한 애틋한 마음이 그대로 느껴졌다.

그러나 지금까지 나는 약속을 지키지 못했다. 남편이 생각보다 빨리 가는 바람에 이야기를 다 듣지 못했던 탓이다. 하지만 오월이 되고 은방울꽃이 필 무렵이 되면 뵙지도 못한 그 시어른이 간혹 마음 갈피에 아른거리곤 한다. 은방울꽃처럼 아름답게 피었다 모질게 꺾인 그 존재가.

오늘도 그분이 마음 자락에 어른거린다. 추억으로 부활하는 존재가 되신 분. 누구나 행복을 갖고 싶어 하지만 거세당하는 사람도 있다. 그 비극을 그분은 어떻게 극복하고 가셨을까. 〈보리피리〉의 시인 한하운처럼 통절해하며 가셨겠지. 그분은 은방울꽃의 꽃말이 틀림없이 행복해집니다, 란 걸 아셨을까? 정말 틀림없이 행복해지고 싶으셨을 터인데. 가장 불행했던 분이 사랑했던 꽃, 틀림없이 행복해집니다 꽃. 그분에겐 부도수표가 돼버린 꽃. 삶은 아이러니다. 누구도 어쩌지 못하는 아이러니다.

저쪽에서 구름이 한 덩이 일어난다. 곧 비가 올지도 모르겠다. 일어서 다시 서둘러 걷기 시작했다. 오월이라고 해서 방심해선 안 된다. 언제 비가 내릴지 아무도 모른다.

슬픔의 원형처럼

앞마당에 오랑캐꽃이 얼굴을 내밀었을 때, 반사적으로 명주가 떠올랐다. 중1에 만난 친구. 서울 북쪽에서 동쪽 학교로 진학한 나는 그때 이방인 같았다. 전쟁 후 운크라에서 지어준 교실은 창문이 생뚱맞게도 위아래로 열렸다. 높은 천장, 벽 위로 가로 난 좁고 긴 붙박이창으로 들어오는 햇빛도 생소했다. 전교생 중 아는 얼굴이 하나도 없던 그때, 유일한 위로는 앞자리에 앉았던 명주였다. 별처럼 눈이 빛나던 친구, 볼마저 발그레해 다정하게 웃을 때면 음울했던 나와 어울리지 않는다 싶기도 했다. 그에게서 나는 독서의 습관을 배웠다.

처음 읽은 소설은 초교 4학년 때 학교에서 읽다가 발각된 김내성의 《사상의 장미》였다. 뒤이어 큰오빠가 대본소에서 빌려 읽은 뒤 반납을 명한 이광수의 《흙》을 반납 전에 읽었다. 잡지 《새벗》과 《학원》은 물론 김종래의 《눈물의 수평선》부터 산호의 《라이파이》까지 만화도 두루 섭렵을 마쳤다. 대본소에서 나는 특A 손님이었다. 그날의 신간 만화를 모두 내가 깔고 앉아 읽기를 마쳐야 다른 꼬마 손님들에게 차례가 갔다. 이는 내 읽기가 빨랐다는 뜻도 된다. 이처럼 읽기 기본(?)을 다진 내게 명주는 학원사 간행 세계 명작을 다 읽었다고 자랑했다.

불현듯 그 해가 가기 전에 나는 책 백 권을 읽겠다고 맘먹었다. 실천은 쉬웠다. 모든 만화를 섭렵한 아리랑 책방은 집 길 건너에 있었고, 학교 앞 천변에도 책방이 있었다. 버스 타라고 주신 차비를 전차 타면 차액이 생겨 대본료도 충분했다. 미아리고개를 넘어 돈암동까지 걸어가 전차 타고 서울역까지, 거기서 왕십리행을 환승하면 책 읽을 시간도 너끈했다. 오가는 차 안에서 한 권, 집에 가서 한 권, 심지어 길 걸으면서도 읽었기에 하루 두 권은 문제없었다. 그렇게 해서 목표를 초과 달성, 명주를 이겼다고 생각했다. 그러나 그게 다 소용없는 일이 되고 말았다. 1학년 마치고 우리 학급에서 두 명이 자퇴했다. 그때는 성적 미달에 방을 붙여 가차 없이 낙제를 명했는데, 한 명이 여기에 해당했고 명주는 등록금 미납이었다. 오랑캐꽃처럼 마음 아리게 떠난 친구였다.

3학년에서도 등록금 미납으로 자퇴한 친구가 있었다. 그 애도 내 앞자리였다. 입 봉하고 앉은 내게 명주처럼 제짝 놔두고 돌아앉아 날마다 말 붙이며 웃게 했다. 지금도 앓고 있는 병을 그때도 앓고 있었으나 병인 줄 몰랐기에 늘 기운이 없어(그 해 고교 입시 체력장에서 0점 받았다.) 골난 사람처럼 굴던 내게 그 애는 집안 자랑, 이북에서 피란 오던 얘기, 제 언니 연애하는 얘기 등 심심할 새 없이 소곤거렸다. 말솜씨도 매끈했다.

어느 날 학급 회의에서 반장이 제안했다. 아무개가 등록금 미납인데 우리가 십시일반 돕자고. 일인당 3백 원씩 갹출이 결의됐다. 그때 그 애는 내일 줄 터이니 3백 원을 빌려달라고 했다. 책 대본료는 기본으로 지니고 다녔던 때라 그날 책은 굶을 생각으로 선뜻 빌려주었다. 하지만 다음 날 그 애는 결석했다. 그리고 그 후로 지금까지 볼 수 없다. 그때 우리 학급엔 등록금 미납자가 둘이었건만 왜 그 애 미납은 아무도 몰랐을까. 그만둘 학교인데 왜 그 애는 3백원을 내고 갔을까. 찜찜하도록 마음 쓰이게 떠난 친구였다.

아무튼 명주로 인해 책 읽기에 빠졌던 나는 중2부터 글쓰기에도 빠졌다. 인풋이면 아웃풋이라고 자연스레 글쓰기로 옮아갔던 것이다. 1학년부터 미술 선생님이 내게 많은 관심을 보이셨다. 그러나 돈이 많이 든다는 어머니의 강렬한(?) 반대로 그림을 포기해야 했다. 이래저래 마음 붙일 곳 없던 내게 글쓰기는 호젓하고 안전한 피난처였다. 그 습관이 지금까지 이어질 줄은 누구도, 자신도 몰랐다.

그 시절의 얼굴들이 떠오른다. 아버지가 돌아가셔서 이모부에 의지해 산다던 명주는 지금 어떤 모습으로 살고 있을까. 3학년 때 자퇴한 친구는 그 후 다른 학교로 진학한 뒤, 대단한 사회적 성공을 거둬 주간지 기자들의 집중적 취재원이 됐다. 나긋하고 매끈한 말솜씨로 대중을 휘어잡았다. 최무룡에게 한번 안겨 봤으면 좋겠어, 깜찍하게 말해 충격을 안겼던 그 애는 그 소원도 이루었다. 스타가 아니어도 좋으니 명주도 그 애처럼 부디 잘 지내길 빈다. 생의 반전은 누구에게나 일어날 수 있는 것. 1학년 때 성적으로 자퇴한 친구도 어느 날 버스에서 만났을 때 대학 배지를 달고 있었다. 아버지의 완강한 반대로 대학을 포기했던 내가 꼭 대학을 가야겠다고 작심한 동기였다.

시대마다 슬픔의 형태는 약간씩 다르다. 그 시절은 너도나도 가난했다. 가난이란 일종의 통과의례였다. 그때 도서위원이란 이름으로 도서관에서 뭉쳐 지내던 친구들도 나를 포함해 대부분 그랬다. 등록금 미납이면 교실 입실이 허락되지 않는다. 우린 도서관에서 버텼다. 마감일에서 며칠 뒤 등록금이 마련되기도 했으니까.

교사가 되고 학생들이 그런 처지가 됐을 때 학부모들의 작은 뜻(?)으로 조성한 학급비를 대여한 뒤 형편 되면

갚도록 했다. 미납으로 자퇴하는 경태를 현관까지 배웅하며 교사로서의 무능이 가슴 에이던 날, 문득 명주가 떠오른 탓이었다. 아마도 명주를 잃은 슬픔 같은 것이 늘 내 안에 고여 있었나 보다. 그런 류의 슬픔이 부엽토가 되어 오늘의 우리를 건강한 성인으로 성장시킨 건 아닐지.

그러고 보니 명주는 중1에 헤어져 지금껏 본 적 없지만 평생 함께하는 친구다. 비슷한 상황이면 슬픔의 원형처럼 꼭 머릿속에 출몰해 소녀기를 되살리게 한다. 희미하나마 삶의 틀을 만들어 준 명주, 살아오며 수많은 명주가 내 안에서 사라지고 태어나곤 했다. 고교를 거쳐, 대학의 강의실과 학보사와 모임에서 만났던 친구들, 교사가 되어 만났던 친구들, 그들 역시 각자의 슬픔으로 시달리며 연약하게 피어난 시대의 오랑캐꽃*들이었다. 그러나 우리는 이제 더 이상 슬프지 않다. 전후의 척박한 토양에서 성장했지만 슬픔을 무엇으로 완성해야 하는지 알게 되었으므로. 슬픔이란 감정은 선택의 결과, 이루지 못한 욕망의 선한 반응이기에 슬픔이 승화되면 영혼의 자산이 되지 더 이상 슬픔이 아니다.

*이용악의 <오랑캐꽃>.

본질적으로 일 인분

　재난 영화 〈포세이돈 어드벤처〉에서 괴짜 목사는 말한다. 하나님은 바쁘셔서 여러분의 개별적인 일에 관여하실 수 없다, 그러니 각자의 일을 알아서 용기 있게 해내야 한다고 선상의 일요 예배에서 혼자 설교한다. 70년대 이 영화 관람 당시 무교(無敎)였지만 설교만큼은 귀에 쏙 들어왔다. 얼마나 맞는 말인가. 당시 나는 그렇게 살고 있었다.
　하긴 나만이 아니다. 그 시절엔 대부분 그랬다. 요즘 들어서 알게 된 사실 중, 60년대 중학교 동창 가운데 하루 한 번 오는 기차를 타고 의정부에서 왕십리로 통학한 친구도 있단다. 선배 중엔 창동에서 왕십리까지 촛불 켜 들고 걸어서 등교한 사람도 있다. 이러다 보니 가족과 아침을 함께 먹는 당연한 일을 누릴 수 없었다. 어느 시대를 막론하고 엄마 찬스, 아빠 찬스가 없는 한, 학생들은 삶을 개척하는 정신으로 용기 있게 일상을 반납한다. 멕시코 국경을 맨몸으로 넘는 청소년들이 끊임없이 이어지는 이유이기도 하다.

나도 미아리에서 왕십리를 가려면 아침 6시에 집을 나섰다. 미아리에서 왕십리로 직접 가는 교통편은 없었다. 버스로 가면 종로 5가에서 내려 을지로 5가까지 걸어야 왕십리행을 탈 수 있었다. 비 오고 눈 오는 날, 바람 부는 날의 험난함이라니. 메리 포핀스였다면 바람에 날아가는 우산을 타고 하늘이라도 날았겠건만 그나마 우산도 없는 날이 허다했다. 현실은 초라했다. 그래서 시간이 더 걸리더라도 버스로 돈암동에 내려, 전차로 바꿔, 내린 자리에서 환승이 가능한 서울역까지 갔다. 무려 2시간여가 소비됐다.

모든 일을 혼자 결정하고 감당했다. 담임 선생님이 작성해 준 중학교 입학원서도 길을 물어가며 왕십리까지 혼자 가서 제출했다. 입학시험도 혼자 가서 치렀고, 입학금도 동대문 은행에 혼자 가서 입금했다. 아침밥도 혼자 찾아 먹었다. 빨래도, 숯불 피워 하는 다림질도 내 것은 내가 했다. 어느 일요일 모처럼 집에서 빈둥거리던 내게 일하는 아이가 말했다. 언니는 이 집에서 독립군이야. 그 애 말대로 독립군처럼 살았던 시절, 일 인분의 삶에 충실해야 했던 그 순간, 가족이 따뜻하다는 건 일종의 가설이었다. 허술한 울타리일 뿐. 이런 일 인분의 삶은 시간이 지날수록 사회적으로 더욱 발전, 확대되는 양상이다.

최근 신문 기사에서 고독사의 배경에는 사람이 제대로 살도록 내버려두지 않는 재개발 광풍의 사회 구조적 문제가 있다고 했다. 집에 대한 고민은 언젠가 시간이 지나면 해결되리라는 막연한 희망이 있었는데 오히려 갈수록 불안감이 더 커지는 듯하다. 재개발로 밀려난 사람들의 가정이 분화(分化)돼 고독사가 증가한다고. 일 인분의 삶이 줄기는커녕 시간이 지나며 사회화로 확대돼 노인의 문제만도 아니게 돼 간다.

처음 독립했을 무렵, 식재료를 극소량으로 판매하는 곳이 흔치 않아, 많아야 주에 한 번 정도를 제외하면 내 식단은 대개 '해치우기'와 '때우기'를 목적으로 짰다. 유통기한에 쫓겨 시들고 묵은 재료를 대충 볶아 해치우거나, 물릴 대로 물린 국이나 밑반찬을 일주일 내내 데워 먹거나, 반대로 무언가를 냉장고에서 묵히지 않기 위해 참치 캔을 따 한 끼를 때우는 식이었다. 조리 도구나 그릇은 최소한의 식사를 기준으로 마련되어 있었고, 좋은 주방용품은 '나중에 제대로 해 먹고 살 때'를 위해 구비를 미뤄두었다. 이는 주방을 제외한 다른 공간들을 꾸미는 방식 역시 크게 다르지 않았다.

-〈한국일보〉 2030 세상 보기, 유정아

위의 기사를 읽었을 때 내 젊은 날의 데자뷔로 마음이 짠했다. 이처럼 삶이 일인화(一人化)로 치닫고 있구나. 일 인분의 삶을 극복하려 전심을 다 해 골대를 향해 달려왔건만 도착하고 보니 여전히 남아 있는 일 인분의 삶. 허탈을 느낄 겨를도 없다. 예전엔 이런 사람을 자취생이라 했다. 한데 요즘은 일인 가구가 세 집 중 한 집이란다. 사회가 자취생화하다니…. 이게 발전적 사회의 양상이란 말인가. 눈부시게 편리해진 세상의 그늘에 축축하게 번식하는 일 인분의 삶, 네모반듯한 고독. 에드워드 호퍼의 그림이 괜히 심금을 울리는 게 아니다.

게다 요즘은 이 일 인분의 삶이란 말이 혼자의 삶이라는 의미에서, '독립적인 사회구성원으로서 책임과 역할을 다했을 경우에 받는 대가'의 의미로 진화했단다. 책임져야 하는 몫으로 발전한 일 인분이라는 말에서 사회적 묵계조차 읽을 수 있다. 제몫을 다 해내지 못하면 동료가 불편해진다? 개인의 발전에 도움이 안 되는 회사를 위해 내 몫만 일하고 말겠다? 무섭게 금 긋고 사는 사회다. 하지만 사회는 늘 변화 발전하기에 앞으로 이 의미가 더 진화 발전하게 되면 소통하는 타인에 이르게 되지 않을지. 소통이 안 되는 사회는 죽은 사회다. 이타는 사회를 살려도 이기는 사회를 폭력과 분열로 몰고 간다.

본질적으로 삶은 일 인분을 받아 태어나지 여러 몫을

받아 태어나지 않는다. 천국도 개별 입장이지 단체 입장이 아니다. 그런데도 내 일 인분의 몫 아닌 남의 것까지 가로채는 사람들로 혼란과 반목이 일어 요즘 드라마는 거대 악이 아니면 시청자의 관심도 끌지 못한다. 소위 K-드라마의 주된 소재다. 뿐인가, 세계 영화제의 상도 휩쓴다. 폭력이 오락화한 세상이다.

하여 살아도 살아도 능통해지지 않는 삶, 일 인분의 삶은 홀로 마음을 소비하고 시간을 소비하고 돈도 소비한다. 마음 내려놓을 곳을 찾지 못해 서성이고 시간을 함께 나누지 못해 느끼는 불안과 상실감도 그러기에 원초적 본능이다. 냇물 가운데 홀로 선 말뚝처럼 일 인분의 삶을 버텨내려 안간힘 쓰는 것도 원초적 본능 아닐지.

하지만 각자의 삶, 즉 일 인분의 삶을 강조한 듯 보인 포세이돈 어드벤처호의 그 목사는 영화 말미 피할 수 없는 위험이 닥치자 자기 몸을 던져 전체를 구했다. 아무리 혼자인 듯해도 인간에게 위험이 오면 서로 신세 지게 된다. 그 도전적(?)인 목사의 이타 행위는 영화의 짜릿한 반전이자 놀라운 마무리였다. 지금 생각해 보면 구태를 전복시킨 예수의 현대판 모습을 구현한 게 아닌지. 가난한 영혼을 세척하는 감동의 힘은 고귀하다.

보송보송하게 해주세요

비애를 아니랄까 봐 오늘도 비는 내린다. 창으로 내다보이는 아이들은 우산도 없이 스쿨버스를 기다리고 섰다. 축축한 하루를 보내면 어쩌나, 염려가 앞선다. 비를 싫어해서 비 오는 날이면 학교 결석도 했던 자신을 돌아보게 된다.

어머니는 오빠들에게 절대로 덜 마른 옷을 입히지 않으셨다. 남자가 젖은 옷을 입으면 출세를 못한다 하셨다. 그때는 숯불 피워 다림질하던 시절이다. 그럼에도 오빠들이 전쟁, 혁명, 봄마다 준동하던 데모 등 굴절 심한 사회의 격랑을 헤치고 그 정도 출세(?)한 저변엔 어머니의 지극한 정성이 작용한 게 아닐지.

반면 내겐 덜 마른 옷을 예사로이 입히셨다. 대신 액막이 비슷한 걸 하긴 하셨다. 덜 마른 옷 한 귀퉁이를 꺾어 이로 꽉꽉 무시곤, 옜다! 이 정도면 괜찮을 게다, 하셨다.

어이없어 멀거니 쳐다보면, 그냥 입어 두래두! 재촉하셨다. 납덩이를 꿀꺽 삼키고 부과된 생의 몫을 치르는 수밖에 없었다.

그때 어머니는 습관적으로 말씀하셨다. 이만하면 부승부숭하니 입어 둬도 돼. 부숭부숭하다란 말의 사전적 어의는 잘 말라서 물기가 없고 부드럽다 정도로 설명할 수 있다. 또한 부숭부숭하다의 센말은 뿌숭뿌숭하다이고, 작은 말은 보송보송이며 이의 센말은 뽀송뽀송이다. 보송보송. 감질나게 감촉 좋은, 이 사랑스러운 부사어의 큰 말 부숭부숭에 나는 남다른 유감이 있다.

어머니의 '부숭부숭하다' 속엔 다른 뉘앙스가 더 들어 있었던 탓이다. 따지듯 쏘아보는 딸의 시선에 등을 탁 치시며 사람이 좀 부숭부숭해야지, 하고 내뱉곤 하셨다. 이때 어머니 발음은 '부숭부수웅해야지' 비슷했다. 그래서 내게 부숭부숭하단 어휘의 기의(記意)는 기준에는 못 미치지만 얼마 가량의 조건이 충족됐으니 참아줄 만하다 정도로 남았다. 나아가 견디고 양보해 줘야 한다는 의미로 변형됐다. 이와 같은 과정을 거치며 부숭부숭하다란 어휘는 사회적 약속의 일반적 개념이 아니라 어머니와 나만이 소통되는 특별한 어휘로 남았다.

더 버티기 어려웠던 건 아침 6시에 집을 나서야 했기에 덜 마른 옷을 어찌 다르게 해볼 시간이 없었기 때문이다. 비 오는 날 덜 마른 옷 입고 찬바람 맞으며 학교 가는 기분은 뭔가 준비를 덜 해 가지고 가는 느낌이었다. 아니 젖은 촉감이 선뜩선뜩할 때마다 몸 자체가 그냥 지워졌으면 좋겠다는 간절한 소망으로 가득 차올랐다. 하루 생활하며 그 느낌을 이겨내려면 감정의 아구리를 꽉 틀어쥐어야만 했다. 그런 딸을 두고 어머니는 이웃들에게 말씀하셨다. 없는 살림에 아이 여럿 기르며 그래도 그냥저냥 키울 수 있었던 건 가운데 애가 무던하게 잘 참아준 덕이라고.

무던한(?) 애에서 나이를 더 먹으며 나는 말 없는 애가 되어 갔다. 참기가 습관이 돼 언어가 불필요해졌달까. 학교에선 4차원에서 온 아이였고, 직장에서도 물어보는 말 외엔 입을 열지 않았다. 안 답답해요? 입에서 냄새 안 나요? 핀잔주는 동료들도 있었고, 애 엄마가 그리 말을 안 하면 애는 어떻게 키워? 안타까워하며 충고하는 동료도 있었다.

그 시절 도무지 언어의 기능을 신용할 수 없었다. 어머니와의 사이에 부숭부숭하단 어휘가 사회적 일반 개념으로 통용되지 않았던 것처럼 생각이나 감정의 상태엔 언어로 드러낼 수 없는 애매한 상태도 있었다. 그러나 부득이해서 입을 열어야 하는 상황이 돼 입을 열면 말은 발화하는 순간 어떤 모양새나 사건이 되어 어떤 인과의 상황, 책임져야 할 상황이 벌어지기도 해 당황스러웠다. 그 순간 전혀 자신이 아닌 자신이 그 자리에 서 있곤 했다. 언어의 모호성, 불확실성, 무의미성. 태어나 보지도 못한 수많은 나만의 언어들이 무기력하게 그냥 해마 속으로 함몰돼 갔다. 깜빡 조는 승객처럼 현실은 축축한 절망으로 흔들리곤 했다.

그 침묵 병(?)은 뉴욕에 도착하며 어쩔 수 없이 깨져버렸다. 세계에서 바퀴벌레처럼 몰려드는 인간들 틈새에 삶의 자리를 펴기 위해선 백치 아다다가 어버버 발성하듯 입을 열어야만 했다. 언어는 존재의 집이라는 하이데거의 말을 진부하게 인용하지 않더라도 존재를 확보하기 위해선 언어가 필요했다. 언어는 필요 불가결의 전투 도구, 전투력 향상을 위해 언어는 거칠어져 갔고 본능적이 되었다. 그런 자신이 싫었다. 언어는 그때나 지금이나 감옥이다.

그나마 겨우 숨통이 트이는 순간은 글을 쓰는 순간이다. 하지만 글도 자신을 정확히 드러내기 위해선 모질게 모호하다. 글이 독자에게 가닿기까지 얼마나 많은 변용을 거치던가. 생각과 마음을 온전히 전하기는 여전히 지난하다.

그러다 귀한 말씀 한 구절을 얻었다. 창조주께서 말씀으로 만물을 지으셨다고. 왜 인간의 언어가 불확실하고 누추하며 모호했는지 비로소 물리를 깨닫게 됐다. 신에게는 창조의 도구인 언어가 인간에게는 욕망 해소의 수단이었기에 이루어지지 않는 욕망으로 해서 삶은 상처를 받을 수밖에 없는 구조였다. 한계를 인정하고 나니, 언어가 주는 상처에서 다소나마 자유로워진 듯하다.

버스 머리가 나타나자, 기록 영화 필름 돌아가듯 하던 기억이 비로소 제자리에 와 멈춘다. 시애틀 사람(Seattleite)들은 늘 빗속에 산다. 매일이 비요일이기에 우산도 안 쓰고 다닌다. 심지어 우중이라도 경기 취소도 안 한다. 피크닉 일정도 그냥 진행한다. 그런 그들의 함성 속에 행복이 엿보일 때 비에 구속(救贖)된 사람들처럼 보이기도 한다. 오늘도 손녀, 손자들은 병아리 우장 쓴 듯한 버스에 함소를 물고 올라탄다.

축축한 현실일망정 마음만은 알맞게 보송보송해져 하루가 무난하길, 사라져 가는 노란 버스 꽁무니를 향해 두 손을 모아 본다. 그때 어머니의 마음도 아마 이러셨으리라, 짐작이 된다. 비의 액자 속에 살아가게 될 줄 뉘 알았으리.

아버지의 월급봉투

　김진호의 〈가족사진〉을 듣다 보면 울지 않는 사람이 없다. 〈불후의 명곡〉 카메라가 객석을 훑는데 여기도 울지 않는 사람이 없다. 시청자도 마찬가지다. '~나는 철이 없는 아들이 되어서 이곳저곳에서 깨지고 또 일어서다 외로운 어느 날 꺼내 본 사진 속 아빠를 닮았네.' 이 대목에서 서서히 달아오른 눈물이 '가족사진 속에 미소 띤 젊은 우리 엄마 꽃피던 시절은 나에게 다시 돌아와서 나를 꽃피우기 위해 거름이 되어버렸던 그을린 그 시간들을 내가 깨끗이 모아서 당신의 웃음꽃 피우길.' 2절에 와선 뭉클함을 이기지 못한 나머지 뜨거운 눈물이 되어 흘렀다. 출연진들도 눈물 닦기에 정신이 없다. 살짝 충격 받은 일이었다. 그들의 감동에 왜 3분의 2 지점밖에 도달하지 못했을까. 좀 열없는 일이었다.
　이 일은 오랫동안 머릿속에 남아 깔짝거리는 손거스러

미처럼 기억을 자극했다. 자신의 정서가 고장 난 기계가 됐나. 결과적으로 내 부모님도 나를 꽃피우기 위해 거름이 된 분들이고 내겐 그분들의 그을린 시간을 깨끗이 모아 드려야 하는 의무(?)가 있다. 한데 이곳저곳에서 깨지고 일어서길 반복하던 시간 속에 아버지는 안 계셨다. 내가 태어났을 때도, 전쟁 동안에도 멀리 계셨다. 깨지는 게 너무 아파, 정 참을 수 없으면 어머니를 붙들어 앉힌 뒤 잠자코 그 무릎을 베고 누웠을 뿐이다. 하면 어머니는 묻지 않고 이마만 쓸어 주셨다. 이 말 없는 사람이 또 무슨 답답한 일이 있게 이럴꼬, 혼자 말씀만 하셨다.

초등학교 때 진관사로 소풍 간 적이 있다. 서울 북쪽에 사는 우리가 정릉을 두고 왜 거기까지 갔는지…. 버스가 홍은동 주택가를 지나갈 때 출근하는 가족을 위해 손 흔드는 주부들을 본 순간 홀연 깨달았다. 우리 집엔 출근하는 사람이 없다는 사실. 차창 밖 출근하는 사람들로 분주한 거리가 이국 지대처럼 느껴졌다. 저 평범한 일상이 없는 우리 집이 다른 집과 참 다른 거구나, 세상에서 떨어져 나간 기분이 고적한 사진 한 장이 되어 남았다.

봄에 시작해 서리 내릴 때까지 가게 앞 평상에서 주무시는 아버지는 아침이 되면 파자마 바람으로 일단 시장을 한 바퀴 도셨다. 큰오빠는 눈 뜨는 대로 이발소로 갔다. 집에서 세수하는 걸 본 적이 없다. 작은오빠는 학생이었기에 출근과는 거리가 멀었다. 열셋이나 하는 식구에, 게다 손님이 끊이지 않는 우리 집은 따뜻한 집이 아니었다. 게다가 작은오빠와 내 사이로 오빠 둘, 내 아래로 남동생 둘이 먼저 갔기에 터울이 떠서 그랬을까, 가족은 거리두기 하는 사람들처럼 뚝 뚝 떨어져 살았고, 늘 어수선하고 북적댔다. 그러나 아버지 어머니의 살아가시는 모습 속에서 배려와 양보를 배웠다.

　아버지는 독특한 습관을 갖고 계셨다. 늘 독상을 받으셨다. 드물게 큰오빠가 이발소에서 일찍 돌아오면 겸상하기도 하셨다. 식사 양도 많지 않으셨다. 반주와 함께 깔끔하고 간소하게 음식을 드시고 나머지는 잘 여물려 뒀다 큰오빠 주라고 하셨다. 큰오빠 순서가 끝나야 우리 차례가 왔다. 원님 상을 아전에게, 아전 상을 종들에게 물리던 조선 관아처럼. 아버지는 어려서 받은 가정교육대로 행하신 건지 모르겠으나 그때 이미 세상은 변해 있었다. 말하자면 시대의 혼란과 충돌이 우리 집 밥상에서도 일어난 셈이다.

　아무도 출근하지 않던 집에서 십여 년이 지나 첫 출근자가 나왔다. 내 출근을 시작으로 앞서거니 뒤서거니 두 오빠도 결국 공무원이 됐다. 출근 첫 해, 큰오빠가 수입이 없던 탓에 내 월급봉투는 살림 주무자인 큰올케에게 갔다. 당연한 일이라 생각했으나 동생들이 불평했다. 아버지가 섭섭해 하신다고. 그 뒤로 현금은 올케에게, 봉투는 아버지께 드렸다. 이렇게 일하고 있어요, 설명하듯.

출근하는 사람이 없는 집에서 자란 탓인지 나는 직장에 잘 적응하는 편이 못 됐다. 교장이 권위로 누르면 대섰고, 상납을 요구하면 무대응으로 대처했다. 공정한 사회를 꿈꾸는 내게 사회는 절대로 공정하지 않다는 학습의 시간이 필요했다. 두 번째 해 연말에 교직원들 사이에 소동이 벌어졌다. 서무과에서 세금 공제를 덜 했기에 이를 반납해야 한다고. 월말정산마다 자기들과 친한 교사들의 세금 공제를 눈감아 줬던 것인데 이것이 연말 감사에 걸렸단다. 지급 명세가 월급봉투에 적혀 있었는데 누가 빈 월급봉투를 보관했겠나. 세금 공제 증거를 댈 수 없는 한 교직원 전원이 세금을 다시 내야 한다니 소동이 벌어질 수밖에 없었다.

저녁 먹으며 이 얘길 하자 올케가 걱정하지 말란다. 아버지가 그간 내 월급봉투를 차곡차곡 모으고 계셨다고. 왜? 가슴에 지진이 일었다. 아버지와 심정적으로 연결된 최초의 순간이었달까. 여섯 자식 길러 넷째인 내게 비로소 받아보신 월급봉투, 비록 빈 봉투였지만 자랑스럽고 뿌듯하셨던 거나 아닌지. 아들들은 이미 배우자가 있어 그들의 월급봉투를 구경도 못하시지만 딸의 월급봉투만이라도 간직해 보고 싶으셨던 건 아니었는지. 장에서 장으로 자전

거 끌고 다니며 하셨던 장꾼 생활, 내 가게를 갖고 들어앉으셨지만 월급봉투에 대해 가졌던 선망이 이리 연결된 거나 아닌지. 그간 심정적으로 아버지와 너무 멀리 떨어져 있었기에 가슴으로 뜨거운 것이 고였다.

죄송하고 감사한 마음으로 아버지가 모아둔 월급봉투를 받아 서무과에 제출했다. 전 직원 중 유일하게 세금 공제를 증명할 수 있었다. 동료들이 부러워했다. 자상하신 아버지 덕이라고. '자상하신 아버지'란 대목에서 큭 웃음이 터졌지만 구태여 드러낼 필요는 없었다. 대신 가족은 이렇게 연결되는 것이구나, 대오(大悟)를 얻은 듯했다. 삶의 지점이 달라 각자의 자리에서 데면데면하게 건너다볼지라도 가족은 끌림에 의해 언제라도 연결된다는 깨달음이었다.

지금은 아버지 돌아가신 지 20여 년. 형제들과 떨어져 산 지도 39년이지만 언제나 마음으로는 연결되어 있다는 믿음으로 산다. 이것이 향수 깊은 나만의 빛바랜 〈가족사진〉이다.

뜨끈한 설렁탕 한 그릇

해인사는 뜨끈한 설렁탕 한 그릇이다. 맥락 닿지 않는 이 말에 가끔 울컥할 때가 있다. 요즘 뒷마당에서 자라고 있는 몇 포기 작물들을 보며 더욱 이런 생각이 든다.

올봄에 며느리가 상추 한 포기, 깻잎 두 포기 모종을 사 왔다. 바빠서 돌볼 시간도 없을 터인데 습관으로 그런 건지. 모종 분에서 화분으로 바꿔 새 흙을 넣어 줘야 할 때가 지났는데도 예상대로 그것들은 개수대 옆을 떠나지 못했다. 그것들은 날로 처음의 생기를 잃어 갔다. 이걸 만약 이대로 죽이게 된다면 매일 보고 있는 나도 생명을 방기하도록 도운 공범자가 되는 건 아닐까.

나라도 옮겨야 할 듯싶었다. 남은 흙이 있나 차고를 뒤졌지만 보이지 않았다. 집 안을 휘둘러보니 데크 위에서 굴러다니고 있는 빈 화분들이 눈에 들어왔다. 그 흙에라도 신세 지자 싶어 이들을 옮겼다. 그러나 생각했던 대로 양분이 부족한지 새들거리기 시작했다. 운전대를 놓았기에 직접 흙을 사러 갈 수도 없고, 그렇다고 정신없이 바쁜 아이들에게 흙 사 오라고 부담 주기도 뭣했다. 뭐로 저 부족함을 보충하랴. 초조해하던 중 마시고 있던 녹차에 눈이 갔다. 그날부터 녹차 잎을 말려 조금씩 섞어 주기 시작했다. 매일 공을 들이자 모종들이 누릿한 색깔에서 애릿한 초록으로 희미하나마 살아났다. 매미 껍질 벗듯 원래의 포기들이 시들고 대신 어린 싹이 밑에서 올라왔다. 뭉클했다. 틀림없이 생명이었다. 애저녁(?)의 빛깔에서 멀긴 하나 소멸보단 낫지 않나. 공으로 주어지는 공기와 빛과 협업하는 일이 여름내 이어지게 됐다.

　한집에 살면서도 아버지는 늘 멀리 계셨다. 소정의 학업을 마치도록 학교에 와 보신 적도 없다. 나의 성장은 양분을 힘껏 빨아올리지 못한 모종 잎처럼 늘 누렇게 떠 보였다. 아버지란 영양분이 늘 부족했다. 그럼에도 어머니는 열 자식 중에 아버지가 업어준 적 있는 아이는 죽은 봉수하고 너뿐이다, 하셨다. 하긴 전쟁 끝난 뒤 길음동 천변에 살 때 아버지가 코를 닦아주신 기억은 난다. 초등학교 여름방학 중 고향 무시울 중부 댁에 놀러 갔을 때 자전거를 타고 오신 적도 있다. 할머니 말씀으론 자식이 보고 싶어 둘러보고 간 거라 하셨다. 내 생의 시간에 아버지는 이처럼 드문드문 출연하셨다.

결핍을 속으로 삭이는 대신, 서로를 보완해 주는 친구들과 가끔 여행을 떠났다. 어느 해 여름, 방학이 시작되자 자옥이가 말했다. 해인사 가자! 성철 스님 친견하러 가자! 우리는 이의 없이 짐을 쌌다. 그리고 대웅전 골방에 짐을 풀었다. 원자 돌림 법명 쓰시는 스님들이 학승이던 시절이었다.

한 달 거기 머물며 여러 가지를 경험했다. 죽비 소리를 들어본 적 없던 우리는 그 소리를 흥부 볼기 치는 소리라고 키득거리며 재미있어했다. 자옥이 덕에 2천 배를 생략하고 성철 스님을 친견했다. 원주 스님에게 간식 공양도 가끔 얻어먹었다. 어느 날은 토마토에 설탕을 뿌려 주셨다. 토마토에서 흘러나온 즙을 침묵으로 들여다보던 명희가 여행 마치고 그 즙을 생명의 즙으로 은유하여 《현대시학》에 발표했다. 우리는 놀고 있었는데, 일찍 영근 시인은 작업 중이었다니. 내게는 참 무위한 시간이었다. 그로부터 몇십 년이 지난 지금, 오롯이 잊고 지냈던 기억들이 자주 떠오른다. 뒤늦게나마 글의 소재로 출몰해 내용을 풍부하게 만든다. 무위했던 그 시간이 자주 소환되는 이유는 기억이란 기능에 시간을 살리는 힘이 있기 때문이 아닐지. 요즘은 그 기억이 쇠뼈다구 고아 먹듯에서 점점 더 영양 풍부한 설렁탕 한 그릇이 되어 가는 모양새다.

아버지를 어렴풋이라도 이해하게 된 건 고교 시절이었

다. 여성과 인간 사이에서 치열하게 방황하던 중 아버지에게로 생각이 미쳤다. 내가 여성이기 전에 인간이길 원하는 만큼 아버지 또한 남성이기 전에 한 인간이길 원하지 않으셨을까. 자아란 자신을 포기하고 아버지, 즉 가장으로서의 삶으로만 사신 세월에 아버지를 이해해 드린 사람이 있을까. 자식에 대한 마음을 잘 표현하지 못한 아버지였다는 걸 그제야 알았다. 생각이 이에 미치자 내 존재 자체조차도 아버지를 방해한 건 아닌지, 죄송한 맘이 들었다. 비로소 동등한 인간으로서의 이해가 성립됐달까.

이게 내가 인간을 이해하는 방법의 하나다. 남편이 못마땅할 때, 슬며시 드는 생각, 남편은 내게 불만이 없을까. 인간은 불완전한 존재, 나 또한 완전하지 못하니 내가 모르는 자신의 부족한 점을 남편이 못마땅해할지도 모른다. 이리 생각이 흐르면 남편에 대한 불만이 가뭇 사라지곤 했다.

수발 받으시던 시어머니가 돌아가시고 비로소 손이 한가해진 어느 날, 친정엘 갔다. 자리보전하고 누워 계시는 어머니를 모시고 갈 수 없어 아버지만 모시고 설렁탕집에 갔다. 아버지는 깍두기 국물을 탕에 부어 얼큰하게 드셨다. 몹시 기뻐하시는 눈치였다. 목이 메어 탕이 잘 넘어가지 않았다. 아버지가 내게 양분이어야 했던 시절이 있었던 것처럼 이젠 내가 아버지에게 양분이 되어 생장(?)

환경을 만들어드려야 하는 시간이었다. 이젠 더 자주 올게요. 말은 그렇게 했지만 그건 빈말이 됐다. 삶의 방향은 아무도 모른다.

그 뒤 나는 뉴욕으로 떠났다. 어린 시절의 삶에 드문드문 출연하시던 아버지처럼 아버지 노후에 나 또한 드문드문 출연하는 자식이 됐다. 심지어 어머니는 이제 내가 죽어도 와 보지 못할 자식이 하나 생겼구나, 서글퍼하셨다. 내가 결핍이라고 안고 살았던 시간을 두 분에게 고스란히 되돌려 드리게 된 셈이랄까. 청동거울을 닦는다는 윤동주의 시가 생각났다. 아무리 닦아도 길은 청동거울처럼 불명확하게 보인다.

요즘도 해인사의 기억을 소 뼈다귀 우려먹듯 뜨끈하게 써먹으며, 아버지의 설렁탕을 함께 떠올린다. 생명의 회복을 기다리는 건 비단 풀 포기만이 아니다. 나 또한 생명의 절실함, 삶의 감동을 기다리고 있기에 녹차 잎이라도 부지런히 준비하는 성실함을 잊지 말아야겠다. 만물은 서로서로 뜨끈한 설렁탕 한 그릇이 되어주어야 하리.

등이 따뜻했어요

춥다. 썰렁해진 어깨를 옹송그리게 된다. 기온이 내려가고 어제 축축하게 비까지 내렸다. 새마미시 호수 건너 내달리고 있는 캐스케이드산맥을 따라 흐르는 옅은 안개가 수묵화를 그려낸다. 뭔가 웅숭깊은 그림 속에 든 듯한 착각, 이런 느낌이 처음이 아닌데…. 아, 아주 오래전, 산세가 뚜렷한 황학산에서였지.

그때, 겨울방학 끝나기 전에 어딘가 다녀오자고 명희가 제안했다. 자옥이는 황학산엘 가자고 했다. '히피 히피 쉐이크'와 '수륙이 현수하니 임 만날 길 없네.' 리듬 연결을 고심하고 있던 나는 골치 아픈 옷을 벗어 던지자 하는 심정으로 길을 나섰다. 마침 신문에서 황학산에 호랑이가 출몰했다는 기사를 읽었기에 그에 대한 호기심도 일은 터였다.

그때 우리 여행 방식은 주로 자옥이를 앞세우는 거였

다. 자옥이만 있으면 숙식은 절로 해결됐다. 불교학생회 소속으로 수계까지 받았던 자옥이만 따라가면 어느 사찰에서나 자고 먹을 수 있었다. 숙박비는 떠나는 날, 부처님께 인사드리고 알아서 불전을 넣으면 됐다. 얼마를 냈는지는 아무도 참견하지 않던 시절이다. 그렇게 해인사에서 한 달 살기도 한 적이 있다.

　서울에서 예정보다 늦게 출발했기에 도착한 때는 한밤중이었다. 어둠 속 산길을 걸어 직지사에 도착했다. 너무 늦게 들어가는 것도 예의가 아닌 듯싶어 우선 도착에 신경 쓰다 보니 저녁을 걸렀다. 공양주 스님이 굶었다는 우리 말에 쌀을 씻어 안치려 했다. 아니요, 먹다 남은 밥 없어요? 자옥이가 덧붙여 말했다. 어제 드시다 남은 오곡밥이라도. 대보름날에서 하루 지난 날이니 혹시 하고 우리도 기대를 걸었다.

　공양주 스님이 웃었다. 먹다 남은 걸 멀리서 오신 손님께 드리기가…. 아니요, 괜찮아요. 오곡밥은 찬밥이 더 맛있어요. 셋의 합창에 스님은 주섬주섬 밥과 찬을 차려냈다. 어두운 등불 아래 우리는 등을 구부리고 잽싸게 수저를 놀렸다. 진정 진미(珍味)였다. 생전 못 먹어 보던 맛인 듯싶었다. 찬 오곡밥 김 싸 먹는 맛이 이리 고소했던가, 이 오곡 나물들 맛 좀 봐! 입 무거운 명희마저 감탄을 뱉었다. 정말 그리 맛있었던 건지, 시장이 반찬이었던 건지…. 보통은 대중방에서 식사하게 마련인데, 그날은 공양간 식탁에서 꿀맛 같은 진미를 즐겼다. 말하자면 일용 엄니 빗자루 깔고 부엌 바닥에 앉아 바가지에 밥 긁어 먹던 식이었다. 절집은 9시 취침이라 그리고 곧 잠자리에 들었다.

　3시, 도량석이 들려왔다. 절에 가면 젤 듣기 좋은 소리가 잠자리에서 귓결로 듣는 도량석이다. 경내 구석구석 돌며 만물을 깨우는 소리, 만물이 성불하기를 바라는 소리. 특별히 청이 좋은 스님이 맡아서 그러는 걸까. 하긴 청이 좋은 스님이 읊으면 지장경 독경 소리도 참 좋다. 요즘엔 그런 걸 귀르가즘이라고 표현하기도 한다. 마음과 정신을 간지럽히듯 번쩍 깨게 하는 소리였다.

　4시 예불을 마치고 곧이어 아침 공양을 받았다. 따뜻하고 절도 있는 음식. 밥 한 톨 남기지 않고 바리때를 비워냈다. 아침 햇살이 이울기 전에 주지 스님의 전갈이 왔다. 식객이 주인장에게 인사도 치르지 않았으니 냉큼 안내자를 따라나섰다. 물건들이 절도 있게 배설된 방으로 우리는 안내됐다. 자옥이의 귓속말에 따라 주지 스님께 삼배를 올렸다. 우리에게 차를 권한 스님, 당신은 커피에 꿀을 타서 드셨다. 커피에 꿀 타는 걸 처음 보았다. 독특한 입맛을 가지신 분인가. 하긴 나도 그랬다. 맛있는 녹차가 마시고 싶을 때마다 자옥이에게 아무 절이나 가자고 졸랐으니까. 진주 다솔사에서 녹차 맛을 익힌 우리는 녹차에 관한 입맛이 까다로웠다.

차를 마시며 자옥이가 말했다. 주지 스님의 법명이 녹원(綠園)이며 직지사에 오래 계신 대덕이시라고. 녹원? 지레짐작으로 나는 여쭸다. 그럼 춘원을 흠모하셨습니까? 스님의 입가에 미소가 떠올랐다. 깨끗한 영혼이 그대로 드러나는 미소였다. 한때 그를 따라나서고 싶었다고, 젊은 시절을 들려주셨다.* 자옥이가 우리를 스님께 소개했다. 이쪽은 등단 시인이고, 저쪽은 소설을 습작하고 있다고. 자연 화제가 문학으로 흘렀다. 공감하며 나누는 대화는 편안하고 즐거웠다. 녹차, 꿀 커피, 춘원, 녹원, 황학산, 호랑이…, 이런 키워드가 훗날 이 시간을 떠올리면 늘 함께 떠오른다.

지금껏 기억나는 것엔 해우소도 있다. 얼마나 막막하게 깊던지. 4미터 깊이를 깔고 앉아 하염없이 앞산을 바라보면 능선 따라가다 어디쯤 저승이 있을지도 모르겠단 착각이 들기도 했다. 이승과 저승의 혼재. 김광규가 〈대장간의 유혹〉에서, '지금까지 살아온 인생이/ 온통 부끄러워지고/ 직지사 해우소/ 아득한 나락으로 떨어져 내리는/ 똥 덩이처럼 느껴질 때.' 하던 바로 그 해우소였다. 아직도 그곳은 수묵화로 떠오른다.

거기서 2박 3일을 개겼다. 더 머물고 싶었으나 곧 개학, 출근 준비를 위해 떠나야 했다. 황학산 호랑이 꼬리도 못 보고, 아침 공양 뒤 우리는 산문을 나섰다. 녹원 스님이 배웅을 나와 주셨다. 일가붙이 보내시듯. 많은 절을 다녀봤지만 흔치 않은 경험이었다. 우리는 묵묵히 다리를 건넜다. 낮은 등성이가 나타났다. 거기까지 올라오신 스님은 등성이에 서서 사라져 가는 우리를 눈으로 배웅해 주셨다. 등성이를 내려와 길이 꼬부라질 때까지 등이 따듯했다. 낯선 인연들을 이리도 성실하게 대접해 주시다니. 훗날 언젠가 스님을 다시 뵈면 그때 등이 따듯했어요, 꼭 말씀드리고 싶었다. 이 스냅샷 한 장은 평생 내 곁을 떠돌았다. 좋은 녹차는 입에서 향기처럼 머물다 한 식경이면 사라지지만 좋은 인품은 평생을 두고 가끔씩 향내처럼 곁을 떠돈다.

지금도 마음이 추울 때면 가끔 그 장면이 떠오른다. 세상의 각박함으로 너그러움이 그리워질 때, 여지없이 그때 그 등성이가 떠오르곤 한다. 가슴 깊이 내려앉은 수묵화. 오늘도 기억이 떠오르자 어깨가 절로 크게 펴진다. 따뜻하다.

*훗날 스님은 '녹원문학상'을 제정하셨다.

타말을 찾아서

할머니, 시애틀 타코 트럭까지 찾아봤는데 타말은 없어요. 등교하며 큰손자가 말했다. 요즘 새로운 재미는 가끔 큰놈 성훈이와 드라이브하는 일이다. 운전면허증을 반납한 뒤 심심한 나와 차를 이어받아 운전 재미에 빠진 손자와 유일하게 즐기는 놀음이다. 아이는 이 일에 퍽 진심이다. 돌아오는 길엔 뭘 먹을까가 또한 가장 큰 관심사. 어느 날 불쑥 타말이 먹고 싶다 했더니 그 후 관심으로 식당을 검색했다. 하지만 멕시칸 식당은 많으나 이걸 파는 곳은 없었다. 아욱국이나 뭇국이 식당 정식 메뉴가 될 수 없듯 이것도 그런가.

문득 등나무가 칡나무 타고 올라가듯 기억이 시간을 타고 오른다. 40여 년 전 일하던 뉴욕의 가게, 그 가게엔 다인종이 일했다. 아이리시이지만 매일 김치를 먹는다던 델리 파트의 루이, 이탈리안 캐쉬어들, 매니저였던 포츄기

쟌, 매장에서 그로서리 정리하던 멕시칸 직원, 등. 그중 기억에 남는 인물은 쟌이다.

그때 50대였던 그는 다듬어야 할 채소 상자에 장난감 뱀을 넣어 둬 야채 파트 직원들을 사색이 되게 만들곤 했다. 그는 초교 4학년 때 집을 떠났다고 했다. 이미 그때부터 엉뚱한 기질이 있었던지 장난으로 선생님께 야단을 맞고, 부모님께 더 야단맞는 게 싫어 아예 집을 나왔다 했다. 그 후 고국인 포르투갈과 이탈리아 각지를 떠돌다 브라질로 건너갔고, 심지어 캐나다를 거쳐 뉴욕에 정착했다. 그는 가는 곳마다 언어를 익혀 4개국어를 한다. 길에서 땀으로 익힌 그의 풍부한 경험과 언어는 가게 경영에 큰 도움이 됐다. 한국어를 사용하는 가게 주인 일족과 이탈리안으로 떠드는 손님들 사이를 거침없이 연결했고, 영어를 못하는 멕시칸 직원들에게 통로가 됐다. 말하기는 잘해도 쓰기는 못하던 그처럼 그 시절 만난 사람들은 대부분 길에서 삶을 익힌 사람들이었다.

그 당시 삶은 거리로 열려 있었다. 뉴욕의 아무 거리나 걷다가 문 열린 상점에 들어가 사람 필요하냐 손짓 발짓 물으면 그 자리에서 채용 여부가 결정되곤 했다. 프랜시스코도 그렇게 만났다. 가난에서 탈출하고자 지방에서 서울로 무작정 올라와 공장에서 일하던 청소년들처럼 어린 멕시칸들도 무작정 국경을 걸어 넘어왔다. 부모 찬스, 조

부모 찬스는커녕 자기 인생을 자기가 책임지고 나아가 가족까지 책임지던 소영웅들.

 대부분의 가게에 이런 어린 멕시칸들이 몇 명씩은 있어서 김밥 행상하듯 점심시간이면 멕시칸 음식 행상이 상점가를 돌았다. 어느 점심시간, 남편이 불렀다. 프랜시스코가 점심을 사겠다는데 먹을래? 주변을 둘러보니 낯선 행상이 서 있었다. 그 곁에서 프랜시스코가 수삽하게 얼굴을 내밀었다. 자기 고향 음식으로 우리를 대접하고 싶다고. 옥수수 껍질에 싼, 구수한 냄새가 나는 음식을 골랐다.

 방금 만들어 왔는지 따끈하고 맛이 괜찮았다. 옥수수 껍질에 싼, 고기 넣은 수수부꾸미 맛이라고나 할까. 한입 베무는데 한나절의 피곤이 싹 가시는 듯했다. 아마 그 순간 목을 넘어가던 감동이 지금껏 남아 타말을 그리워하게 됐는지도 모르겠다. 잘 먹는 눈치라 생각했던지 그 애는 기쁜 얼굴로 더 먹으라며 어머니가 만들어 주던 음식이기에 꼭 대접하고 싶었다고 했다.

 그 애가 우리를 대접하고 싶었던 건 우리 집에 와서 먹던 한국 음식 때문이 아니었을까. 연말이면 직원들이 팟럭 디쉬를 하나씩 들고 와 그 해의 객고를 풀곤 했는데, 그중 그 애는 집에 불러 더 먹이기도 했다. 친정붙이처럼 안쓰러웠기 때문이다. 그 애는 야무지게도 몇 푼 안 되는 주급을 열심히 모아 고향으로 송금했다. 그 결과 부모님에게 상점을 열어드려 지금은 아버지가 사장님이라고 씩 웃곤 했다. 허드렛일로 가세를 일으킨 그 애가 대견하고 기특했다. 어머니의 음식을 그리워하는 그가 짠했다.

어머니의 음식. 나이 먹어서도 누구나 그리워하는 건 바로 이게 아닐지. 가끔 며느리가 장 보러 가며 묻는다. 드시고 싶은 거 없으세요? 그러나 번번이 대답을 못한다. 세상 젤 어려운 질문이 그거네. 묻지 마. 며느리는 그만 웃고 만다.

사실 답이 없는 건 아니다. 속에만 담아두고 있는 답, 답할 수 없는 답. 그건 뭇국이다. 어머니가 담그신 집 간장으로 간한 뭇국. 며느리가 그걸 어찌 만들랴. 어머니 간장을 세상 어디 가 구하랴. 또 그 간장을 내리고 만든 된장으로 끓인 아욱국도 세상에 존재하지 않는다. 죽을 때까지 먹어 볼 수 없는 그저 꿈속의 맛.

물론 간혹 집에서 뭇국을 끓이기는 한다. 그러나 공장 조선간장이니 그 간극을 어찌 메우랴. 뭇국을 먹을 때마다 충동적으로 이는 그리움은 먼 산 너머로 가뭇없이 사라지는 환상 같은 것일 뿐이다.

어린 시절, 일 년에 한 달씩 결석할 만큼 자주 앓았던지라 열이 가시고 자리에서 일어날 즈음 간간하게 끓여 주시던 뭇국이 그리 시원할 수가 없었다. 그 시간에 대한 근원적 심리로 타말을 찾고 있는 건 아닐지. 늘 억제하고 사는 귀소본능에 대한 충동이 아닐지.

어느 순간 시선이 지구 반 바퀴를 돌아 허공의 한 지점, 70여 년 전 우리 집 마당에 가 꽂힌다. 어머니는 겨울이면 마당가에 움을 파고 그 속에 무와 배추 꼬리 같은 걸 저장하셨다. 마개를 빼고 구멍에 손을 쑥 집어넣어 꺼내 깎아 먹던 차가운 배추 꼬리 맛이 알큰하게 입에 고여 온다. 이게 바로 그리움의 원형을 찾아가는 여행자들이 고향에 도달하는 방법이 아닐까, 하는 생각이 머리를 스친다. 하면 장난으로 초교 4년에 집을 떠난 쟌은 지금쯤 고향에 도착했을까. 프랜시스코도 고향에 돌아가 상점 사장이 돼 있을까. 우주의 행성처럼 떠돌며 삶의 영역을 확장해 보려 애썼으나 그 바운더리를 뛰어넘지 못하고 결국 어머니로 표상되는 고향에 귀착하고 마는 아이러니.

하여 도달할 수 없는 것이 어디 음식뿐이랴 하는 체념에 도달하게 된다. 거꾸로 매달려도 도달할 수 없는 깊은 우물 속처럼 기억이라는 시간은 그렇게 닿을 수 없다. 성훈이에게 타말 찾기는 그만하라고 해야겠다. 많은 시간이 흐른 뒤 어쩌면 손자도 지금 나와 함께한 시간을 또한 이렇게 추억하게 될지도 모르겠다.

6

김밥 수필
수필 탐색
문제적 〈달밤〉
수필의 성역
'나의 문학 세계를 말한다'
공순해의 수필, 그 작품 세계

김밥 수필

요즘은 감동 마케팅이 대세다. 스토리텔링이 상품의 우열을 좌우한다. 심지어 음식에서마저도. 주방장, 아니 쉐프들은 '입안에서 파도치는 스파게티' '고향 언덕을 넘어가는 백반' 등으로 자신들의 음식에 품위를 더한다. 말하자면 음식을 창작하는 건데, 이러다 보면 창작품을 만드는 일인지라 식재료 소모가 엄청나다. 식당 직원들 말에 의하면 쓰이는 재료보다 쓰레기통으로 들어가는 재료가 더 많단다.

문학에서 창작 예술은 시, 소설, 희곡 분야뿐이다. 우주 삼라만상이 다 문학의 재료인데 그럼 시, 소설, 희곡의 형식에 매이지 않는 나머지는 어디로 묶여야 하나. 창작 음식에 쓰이고 남은 식재료는 쓰레기통 행이라지만 문학에서 창작 재료로 쓰이고 남은 제재는 모두 수필로 간다. 창작 여부에 따라 창작 수필, 비창작 수필로 나누기도 하고 쓰는 목적에 따라 평론, 잡문, 칼럼, 일기, 편지, 기행문, 기사 보도문, 광고문, 기록문, 심지어 일상 제반사의 서식까지, 문자로 이루어진 모든 것을 더듬어 품는다. 이처럼 수필은 우리 선조들이 정벌을 꿈꾸던 요동 벌판만큼 영토가 넓다.

기호 나름이겠으나 가장 뛰어난 음식은 어떤 것일까. 혹자에겐 미쉐린 스타 레스토랑이 내는 음식이겠으나 누군가에게는 부엌 바닥에 몽당비 깔고 앉아 먹는 양푼이나 바가지 비빔밥일 수도 있다. 식재료 낭비 가득한 음식보다 남은 재료 하나하나 깔축없이 넣고 고추장과 참기름 한 방울로 비빈 비빔밥. 비빔밥의 미덕은 낭비가 없다는 점, 함께라는 점이다. 그러나 단점은 비비고 나면 재료가 구별이 안 된다는 점이다. 식재료를 얄짤없이 사용하면서도 재료가 식별되는 음식은? 김밥이다.

김발에 수필의 정서란 김 한 장 얹고 그 위에 경험이란 밥을 3분의 2만 펴고, 가지고 있는 소재를 모두 채친 뒤 가지런히 얹어 흩어지지 않게 모양 잡아 말면 이게 바로 수필이다. 이때 밥, 시금치, 단무지, 계란, 당근, 등 기본 재료만 넣어서는 뻔한 맛, 신변잡기, 클리셰가 된다. 자기만 갖고 있는 재료도 넣어야 자기만의 맛이 생겨난다. 수필의 창작은 경험의 서술, 성찰과 사유만으론 뭔가 미진하다. 김밥 마감에 참기름을 바르는 것처럼 수필을 구별 짓게 하는 것은 상상력이다.

  원래 예술 행위가 상상력에서 왔기에 수필이 예술이 되려면, 즉 창작되려면 상상력은 필수다. 상상력을 발휘해 독자 앞으로 나아가는 힘을 부여해야 창작 수필이 된다. 예술은 창작이다. 고로 수필도 예술이 되려면 창작돼야 한다. 창작 수필과 비창작 수필의 출발이 여기서 나뉘게 된다.

  현대 예술의 개념은 주제와 해석이다. 창작 수필에서 주제가 창작되려면 원관념과 보조관념이 있어야 한다. 형상화 과정이다. 형상이라 함은 사물을 말하는 것이니 주제를 사물화하는 것, 혹자는 이 사물을 상관 매개물이라고도 한다. 주제가 정해지면 다음은 서사 전략을 짜야 한다. 이 서사 전략에 참기름 한 방울 같은 상상력을 발휘하면 맛깔나는 한 편의 수필이 탄생하게 된다. 따라서 수필의 경쟁력은 상상력이다. 물론 그 뒤엔 문장론, 구성법, 산문의 정신, 등 각론이 따라야 하겠지만 우선 수필 작법을 김밥말이에 비유하는 이 착상, 신박하지 않은지. 오늘도 참신한 착상을 위해 고단한(?) 수고를 하는 중이다.

수필 탐색

일현수필문학회에 속해 있는 친구가 손광성 선생의 수필 선집 《바다》를 보내주었다. 한국 수필 문단과 인연이 없는 나인지라 반갑게 받아 읽었다.

일자무식(?)으로 수필을 시작한 지 15년. 시작부터 맨땅에 헤딩했었기에 내 수필 발전은 늘 지지부진 그 자리를 맴돌고 있다. 그간 15년 세월이 흘렀다는 점, 그 숫자가 놀라워 그 시간이 새삼스레 느껴진다. 그동안 무엇을 했던가, 무엇을 보고 들었던가….

20세기 말, 한국에서는 동네를 중심으로 문화 강좌 붐이 일어 문학 인구도 괄목 약진했다. 하여 문학회도 많고 모임마다 좌장이 있어 그 스승을 중심으로 글쓰기가 이루어진다. 하지만 내가 속한 문학회는 해외 하고도 궁벽한 산골에 속하는 시애틀이다. 시애틀문학회는 올해 17년 생일을 맞았다. 시애틀문학상도 17회 수상자를 맞이했다. 그

중 나는 2회 출신이기에 앞에 선배가 없다. 1회 수상자들이 시나브로 다 사라지고 어느 순간 맨 앞줄에 나와 선 자신을 발견하는 요즘이다.

이런 시답잖은 자소(自紹)를 늘어놓는 까닭은 다음에 대한 변명을 늘어놓고 싶은 속내 때문이 아닐까 싶다. 나는 눈치 볼 곳이 전혀 없어 쓰고 싶은 대로 쓰고 말하고 싶은 대로 말한다. 산비탈 그늘에서 웃자란 듯한 제 작품의 꼴이 어떠한지는 차치하고서 말이다.

소설에서 자리를 옮겨 수필을 시작했을 때 가장 힘들었던 건 수필의 정체성이었다. 수필은 예술인가, 아닌가, 더듬어보다 대학 1학년 수필론 시간에 채훈 교수에게 들었던 수업 내용이 떠올랐다. 수필은 중수필, 경수필, 미셀러니로 나누며 그 외의 것을 수필 양식의 것이라 칭한다.

그때 나는 건방지게도 이 정의에 공감하지 못했다. 창작도 아닌 것들을 뭘 그리 여럿으로 나누나 싶어서였다. 그러니 고교 교과서에서 배운 수필 이외의 수필은 읽지도 않았다. 한국 수필의 역사는 김진섭, 이양하, 등 일군의 교수들과 신문사 주필 등의 필진을 지나 전문직 필진이 인기를 끄는 시절도 있었다. 청량리 정신병원의 최신해 박사, 화가 천경자 등이 낙양의 지가를 올리는 작가였고 비슷한 시대, 일군의 여성 작가들, 그리고 60년대 말에 오자 김형석, 안병욱 교수의 철학적 수필이 학생들의 인기를 독점했다. 인기라면 등돌려, 프랑수아즈 사강도 읽지 않았던지라 이런 분들은 나와 아주 먼 분들이었다. 돌아보면 나는 그 시절 젊음이란 시건방짐으로 가득한 얼치기 바보였다.

수필 쓰며 발견한 사실 가운데 재학 시절 수업 받았던 교수들이 한국의 한 시대 수필가 군을 형성하고 있던 분들이란 점은 무척 놀라운 일이었다. 교양 국어 수업을 들었던 전규태 교수, 교양 영어 수업을 들었던 공덕룡 교수, 영어 독해를 들었던 설순봉 교수, 그 외 서정범 교수(이분은 클래스메이트의 오빠이기도.)에 이르면 할 말이 없다. 그분들이 그런 분들이었어? 이런 울타리를 걷어차버린 나는 얼마나 앞날을 모르는 바보였던가. 열린 문은 탁 닫아버리고 닫힌 문을 애써 열려고 했던 눈뜬 장님이었달까. 인연을 내버리고 딴 곳에 가서 헤맸다니 정말 삶의 길은 수수께끼다.

[그 시절 내게 박목월 선생님은 넌 우리 큰애 대학(서울대)에 가서 평론을 했으면 좋겠다 하셨고, 박영준 선생님은 우리 대학(연세대)에 와서 박기동이와 어울려 소설 썼으면 좋겠다 하셨다. 사랑해 주신 그 빚을 영원히 갚지 못한 죄책감이 크다. 게다 《신대륙》 이후 20년간 글쓰기를 내팽개치기도 했다.]

어쨌거나 다시 글쓰기를 시작하고 첫 난관이 수필의 정체성이었기에 지금껏 또 헤매는 중이다. 내가 등단할 무렵 전후(前後), 새로운 세기를 맞아 수필은 중흥기를 맞고, 당시 수필계를 휩쓴 이론은 '낯설게 보기'였다. 러시아에서 싹튼 이 움직임이 한국까지 전파되어 예술 전반은 물론 수필 서평의 한 기준으로 쓰이기도 했다. 서평, 비평, 평론, 여러 곳에 전가의 보도처럼 얼굴을 내밀어 아무 데서나(?) 섬광을 번뜩였다. 또 세기말, 세기초 영미 유학파들이 귀국하여 월간《수필과비평》을 중심으로 수필 평론의 초석을 놓았다. 이 변화는 수필이 예술 쪽으로 기울어졌다는 것을 뜻한다.

이 움직임에 더 박차를 가하게 된 계기는 LA에서 이민 생활을 끝내고 역이민한 이관희 선생이 수필 창작론의 기치를 높이 들고《형상과 개념》을 설파한 일이다. 시의 형식으로 쓴 수필 김기림의 〈길〉을 찾아내고, 시적 분위기의 수필을 소설 형식으로 쓴 강경애의 〈꽃송이 같은 첫눈〉을 찾아낸 선생은 수필은 신변잡기를 붓 가는 대로 쓰는 글이 아니다, 앞으론 형상화 수필 외에는 쓰지도 읽지도 말자고 주장했다. 예술로서의 수필을 주창한 선생의 의견에 유병근 선생님을 비롯하여 많은 수필가가 호응했다.

그 무렵 인상적이었던 분은 청바지론의 윤재천 선생이었다. 선생은 아방가르드 수필, 퓨전 수필, 아포리즘 수필 등의 이론을 사비로 책자화해서 수필계에 배부하셨다. 시애틀문학회의 한 선배가 그 책자를 받는다고 내게 자랑했으나 인색하게도(?) 한 번도 친견해 볼 기회는 주지 않았다.

한 세기의 1/4이 흘러 이제 선생을 초청하여 직접 말씀을 듣고자 했으나 고령이시어 강의가 어렵다 했다. 청바지도 시간에 빛이 바래는구나, 흠모의 마음을 접을 수밖에 없었다.

수필이 붓 가는 대로 쓰는 글이라는 원초적(?) 발언은 이제 어느 정도 퇴색된 듯 보인다. 동네마다 문화 강좌마다 들어선 수필 교실의 좌장들을 중심으로 좌장 나름의 수필론을 수강생들에게 가르친다.

인터넷에 검색해 보면 수없이 뜨는 수필론, 거기엔 심지어 '수필, 이렇게 쓴다.'라고 단정적으로 주장하는 글도 보인다. 기승전결 4단계 구성을 주장하는 글은 기본기를 다지는 것이기에 문제 삼을 게 못 되지만 가령, 선생이 글 서두를 자연 경관 서술로 시작하는 버릇이 있으면 수강생들도 따라서 자연송(?)으로 서두를 채운다. 선생이 '이렇게 쓴다.' 가르쳤으니 학생으로서야 그게 길인 줄로 알기 때문이다. 이들은 선생의 습관어도 알게 모르게 따라 쓴다. 서정 수필일수록 이런 면이 두드러진다. 이러다 보면 군단(群團)이 생겨나게 된다. 어떤 분은 이를 패거리 문학이라 칭했다.

그뿐인가. 팬데믹으로 세상이 닫히자 Zoom 모임이 무수히 열리게 됐다. 이때 수필에는 아이러니가 있어야 한다, 강의를 들으면 어디에다 아이러니를 넣어야 할까 수강자들은 고심했다. 수필 미학이란 이런 것이다, 설파하면 그 미학을 따라가려 애썼다. 사색과 성찰을 경험한 대로 정직하게 쓰는 것이 수필이다, 하면 또 한 자도 틀리지 않게 경험을 쓰려 애썼다. (심지어 어느 해 《에세이문학》계평자가 서정성만 넘치고 사회의식을 볼 수 없다, 라 하자 그에 준하는 글들이 이어 올라오기도 했다. 서정 수필에 사회의식을 비벼 넣는다? 만일 위에 열거한 요구를 모두 비벼 넣은 수필 한 편을 쓴다면 어떤 괴랄한 글이 나오게 될까….) 이러니 무엇이 수필인가, 초보자들은 혼란을 일으키고 말았다. 수필이 뭔지 도대체 모르겠어요, 신인상 받고 갓 입문한 사람들은 열에 아홉은 이렇게 비명을 올렸다.

　강의하는 분이 자기 수필론을 전수(?)할 때 수필 개론을 간과하기에 일어나는 일이다. 수필은 개론상 창작 수필과 비창작 수필 둘로 대별할 수 있다. 요즘엔 비창작 수필을 가르치면서도 이론 전개상 창작 수필을 표방하기도 한다. 여기에서 혼란이 비롯되는 것이다.

　수필이 예술이 되려면 창작 수필이 돼야 한다고 주장하는 내가 비창작 수필도 수필이기에 버릴 수 없다고 강조하는 까닭은 대학 시절 들었던 채훈 교수의 수필론 때문이다. 수필은 수필과 수필 양식의 것으로 나뉜다. 즉 일기, 편지, 전기(傳記), 여행기, 칼럼, 등도 훌륭한 수필 문학이다. 나아가 시 소설 희곡을 뺀 나머지 문자로 이루어진 모든 글 중, 즉 법조문, 규약, 기사문, 실용문, 광고, 메모, 낙서, 영수증, 등도 분류상 수필 장르에 속한다. (만약 누군가 자신의 낙서를 모아 책으로 펴낸다면 이 또한 훌륭한 수필문학 아닌가.) 이 광범위한 수필의 영토(자칫 혼란을 불러올 수도 있기에 이를 도표화하여 졸저《한없이 투명에 가까운》에 부록으로 수록해 둔 바 있다.)를 어떻게 어느 한 길로 안내한단 말인가. '수필 이렇게 쓴다.' 하며, 어느 한 길로 가르치는 선생들이 가장 위험한 선생이라고 말하는 소이다. (하여 수필계는 수필의 정의에 대한 합의를 시급하게 이룰 필요가 있다.)

　이처럼 수필은 자유롭고 야성적인 문학 장르다. 어느 한 형식에 가둘 수 없으며, 창작 수필은 독자에게 전하고자 하는 인생의 이야기, 서사를 어느 프레임에 넣어 주제를 인상 깊게 만들 것인가, 형식을 고민, 창작하게 된다. 비유컨대 수필은 물과 같다. 물이 어느 그릇에 담기나에 따라 형상이 결정되는 것처럼, 어느 형식에 담게 되나에 따라 수필의 갈래는 나뉘게 된다. 즉 주제와 형식에 따라 수필은 끊임없이 가변적이다. 주제와 해석만 있으면 예술이라는 현대 예술론처럼.

　하지만 수필 비평가 중엔 자신의 이론 잣대로 작품을 재단하며, 그 기준에서 벗어나는 글은 읽을 가치가 없다고 독선적으로 말하기도 한다. 그러다 보니 한국 수필 문학의 광장은 근대수필과 현대수필로 대별되는 듯 보이기도 한다. 감동받은 최애 수필이라며 작고하신 분들의 작품을 선정, 수필은 이렇게 써야 한다고 강조하는 분도 있기에 말이다.

근래에 와서 재미있는 발견을 하나 했다. 수필 강의에 과거의 수필가들을 예문으로 거론하며 강의를 진행하는 분들이 여럿이어서 그 예문 속의 작가들이 어느 시대 분들인가 검색해 봤다. 작고 연도를 보니 윤오영 1976년, 한흑구 1979년, 목성균 2004년, 피천득 2007년 등이다. 세기를 건너고 포스트모더니즘을 지나 AI와 협업하는 생성 예술이 대두된 현재, 왜 수필만 이리 뒤처졌을까. 반숙자, 최민자 선생 같은 좋은 예문을 두고 왜 작고한 분들만 거론할까. 작고해야 글의 권위가 서나.

그러나 흥미 있는 발견도 있었다. 윤오영 선생은 통속 수필이 아닌 문학 수필을 강조했다. 이 말은 수필을 통속 수필과 문학 수필로 나눈다는 뜻이 아닐까. 즉 통속 수필=붓 가는 대로 쓰는 비창작 수필, 문학 수필=창작 수필로 대별하신 건 아닌지. 아, 선생도 수필의 예술성에 대해 이리 고민하셨구나, 무척 반가웠다.

하긴 김덕환(金悳煥)은 일찍이 《문학체계론》(단기 4288, 新鄕社 간)에서 매우 난삽한 문장으로 다음과 같이 수필을 정의하고 미래를 예견했다. '이것 역시 이제부터의 것이다. 애당초 이것은 학적(學的), 예적(藝的)인 양성간(兩性間)을 교류하고 있는 것이다. 그러나 이것도 엄밀히 따지고 보면 문예적 본질의 것으로 하지 않으면 아니 되겠으나 그 내적, 외적 성격 양자(兩者)의 요소를 비교적 많이 가지고 있기 때문에 이것은 문예적이라느니 보다 문학적인 것이라 할 존재성(存在性)에 있는 것이다.' 문면으로 보면 그도 예술적 측면의 수필에 대해 고심을 많이 한 듯 보인다. 이를 토대로 발전하여 오늘의 우리가 있구나, 선배님들의 노력이 감개무량하기도 했다.

　지난 연초 《수필과비평》 신년호를 읽다가 속 시원한 글도 읽었다. 수필이 신화, 즉 원시 제의에서 비롯됐다는 박양근 교수의 글을 읽는 순간 답답했던 속이 뻥 뚫리는 느낌이 났다. 수필의 기원, 하면 늘 홍매와 몽테뉴, 찰스 램을 등장시키곤 해왔는데 어쩐지 나는 여기에 동의가 잘 안됐다. 문학의 기원이 언제부터인데 수필이 르네상스 이후에 발아했다는 게 말이 되는가, 왠지 석연치 않았다. 해서 수필의 기원이 원시 제의에서 비롯됐다는 문장을 읽는 순간, 그래! 바로 이거야, 전적으로 동의하지 않을 수 없었다. 《언어 본능》의 저자 스티븐 핑커는 언어의 발생이 인간이 불만을 표출하기 위해 이루어졌다고 농담처럼 말했다. 이때 표출, 즉 '토로하는 것'은 수필이 아닌가. 원시 사회에서 제의를 위한 시 이외의 언어생활이 바로 수필이었다! 흥분되는 발견이었다. 즉시 박양근 교수에게 팬레터(?)를 보냈다. 요즘도 그분의 메타 수필들을 종종 꺼내 열심히 읽는다. 점진적이긴 하나마 이처럼 한국의 수필은 변모 발전하여 가고 있다. 가장 과거의 문학인 수필이 미래의 문학으로 발돋움하고 있다.

하여 아방가르드, 퓨전 수필을 지나고 형상화 수필도 넘어 이미지즘의 수필도 등장하는 요즘이다. 손광성 선생의 《바다》에서도 그런 흐름을 역력히 볼 수 있었다.

'시애틀문학상' 수상하고 수필을 쓰기 시작하며 참 막막했었다. 어디부터 시작해야 할까, 대양 앞에 선 느낌이었다. 그때 선생의 《손광성의 수필쓰기》가 많이 의지됐었다. 수필은 말맛으로 쓰고 말맛으로 읽는다는 말씀은 언어 제련을 뜻하는 것이니 수필의 예술성은 여기부터 시작해야겠구나 하고 지금도 그 가르침을 지침으로 삼고 있다. 후배들이 수필 기초 편 이론서를 원할 때도 이 책을 권한다. 그러며 15년이 흐른 지금, 선생의 수필은 언어의 울림을 넘어, 회화적 이미지의 수필로 변모 발전했다. 알고 보니 미술도 전공하셨다고.

[손광성 선생의 수필이 회화적 이미지의 수필로 나아가고 있을 때, 어떤 분이 말했다. 이제로부터 수필은 이미지즘의 수필이 돼야 한다. 왜 이렇게 고착화를 좋아할까. 창작을 고착화한다고? 창작이

뭔지 모르는 분인가? 창작의 전제는 전복이다. 비판, 반발, 새로운 흐름의 파고(波高)를 타고 예술 사조는 끊임없이 변화 발전해 왔다. 정반합(正反合), 모든 것이 협력하여 선을 이루는 것. 수필가는 고전 음악만이 아니라 록과 랩도 들어야 한다.]

　이와 같이 수필의 형식은 역동적인 생명력을 갖고 확대 변화되어 나가고 있다. 넓고 깊은 숲과 같은 수필은 아마 앞으로도 여러 갈래의 더 많은 오솔길이 생겨나, 그 길을 거니는 사람들에게 새로운 생명을 부여하게 될 것이다. 부디 신선한 호흡으로 건강한 숲길이 되길 빌어 마지않는다.

문제적 〈달밤〉

　얼마 전에 수필 특강을 들었다. 기다렸던 분인지라 잔뜩 기대가 됐다. 서두부터 맘에 꼭 들었다. 산문의 논리성으로 서두를 삼는다는 것은 일단 수필을 산문으로 정의한다는 뜻 아닌가. 그분은 산문의 토대는 논리라며 그러나 논리와 논증은 다르다고 했다. 그 점에도 동의하기에 점점 더 관심 있게 강의에 빠져 들었다.
　기대는 좋은 수필의 예문을 드는 데서 그만 깨지고 말았다. 수필의 산문성에 대해 말했으면 그에 준하는 예문을 들어야 하건만(물론 짧은 수필을 고르다 보니 그랬겠지만.) 하필 윤오영 선생의 〈달밤〉이 예문으로 등장했다. 수필 공부하는 사람치고 피천득 선생의 〈인연〉과 윤오영 선생의 〈달밤〉을 예문으로 공부하지 않은 사람이 어디 있으리. 문제는 이 수필들이 산문성을 가진 수필이 아니라 서정 수필이라는 점이다.

산문의 기본 정신은 비판이다. 서정의 기본은 정조(情調)다. 비판과 정조를 한 범주에 넣을 수 있을까. 여기서부터 의문이 시작됐다. 논리성이 중요하다는 수필의 정의 마무리로 한 범주 안에 넣을 수 없는 개념인 서정적 정조로 이루어진 작품을 예로 든다면 수필이 무엇인지, 오히려 혼란을 일으키지 않을까. 수필 초보 수강생이 이 논조를 소화할 수 있을까. 강의하시는 분이 무슨 생각으로 이리 강의를 전개해 나갔는지는 알 수 없으나 이런 혼란이 한국 수필계에 분명 존재한다.

가령 수필을 <u>수필은 개인의 주관적 체험을 형상화하는 문학이다</u>, 라고 정의하는 분이 꽤 있는데 이 문장에도 문제는 없을까. (창작 수필은 체험과 정서와 사상을 문자로 형상화한 글이라고 해야 비교적 정확하지 않을지.) 문장 구조상 주술 관계에 의하면 수필=형상화 문학이다, 로 정리가 되는데 이를 인정해도 괜찮을까. 언제부터인지 모르겠는데 한국 수필계에서 전가의 보도로 쓰이는 용어가 '낯설게 보기'와 '형상화'이다. 형상화란 무엇일까.

형상화(形象化)란 정의를 내리기 위해선 상(象)에 주목할 필요가 있다. 코끼리 상. 중국 고사에 의해 설명해 보자. 코끼리는 인도 같은 먼 나라의 동물이어서 중국의 황제는 본 적 없는 이 동물의 형상(形相)이 궁금해 인도에 가 본 적 있는 신하들에게 그 모습을 설명해 보라 했단다. 신하들은 코끼리를 본 적 없는 황제에게 황제가 본 듯이 그 형상을 말과 문자로 그려, 눈에 떠올리게 했다. 이때 본 적 없는 사물(=코끼리)을 눈에 본 듯 문자로 그려내는 것, 이게 형상(象)화다. 그래서 교실에서 이를 영어로 이미저리(imagery)라 배웠다.

로댕과 릴케 이후 이 형상화는 예술의 한 표현 방법으로 크게 대두됐다. 나아가 현대 예술은 눈에 보이지 않는 정서와 관념도 사물화(事物化)하여 눈에 보이듯 그려내길 요구한다. 하면 수필의 서사, 즉 체험도 사물화하여 눈에 보이듯 그려내야 하는데 모든 체험을 사물화할 수 있을까. 또 사물화에는 원관념과 보조관념이 필요한데 모든 체험에 보조관념을 대입시킬 수 있을까. 보조관념을 찾을 수 있는 것도 있고 없는 것도 있을 것이다. 게다 모든 체험을 사물화하는 것이 수필의 본질도 아니다.

이순신의 《난중일기》, 안네 프랑크의 《안네의 일기》도 수필 문학(비창작 수필)이다. 나라의 문화적 자산이 되기도 하는 문학이다. 알베르 카뮈가 홀딱 빠졌다는 장 그르니에의 《섬》도 수필이지만 형상화와는 거리가 멀다. 오히려 정목일 선생이 말하는 '사소함 속에서 남들이 발견하지 못하는 삶의 발견과 깨달음을 찾아내는 일이자, 자신만의 모습, 빛깔, 향기로 나의 인생을 꽃 피우는' 수필에 가깝지 않을지. 위의 열거한 예와 같이 모든 수필을 형상화 기법으로 쓴다는 것은 무리다. 그럴 필요도 없다. 수필의 야성적인 필드(field)를 왜 형상화한 점으로 한정, 제한시키려 하는가. 서평 쓰는 분, 문학상 심사하는 분들이 제발 형상화 과정도 없는 글을 놓고 '형상화가 잘 됐다.' 주례사 비평하지 않았으면 좋겠다. 그들로 해서 수필=형상화의 등식이 생겨나는 거나 아닌지.

(매년 발표되는 신춘문예, 문학상 수상작들을 읽어보면 하자 있는 작품들이 꽤 된다. 심사위원들 눈엔 이 하자가 안 보이는 것일까. 서평 쓰는 분들도 마찬가지다. 분명 하자가 눈에 띄는데 평자는 칭찬의 넝쿨이 담을 넘어가게 한다. 하자가 있어도 괜찮은 것일까. 그 의중을 알 길이 없다.)

수필 특강이 끝난 뒤, 여러 가지가 머릿속을 오락가락했다. 창작 수필(=예술 수필)과 비창작 수필(=문사철 수필, 기타)로 대별하면 간단하게 끝날 수필의 정의를 왜 구태여 모든 수필을 창작 수필 범주에(그것도 형상화 범주에. 창작 수필의 창작 방법은 형상화 말고도 여러 갈래가 있다.) 욱여넣으려 하나. 아직도 한국 내 수필계는 수필의 정의에 대해 합의가 이루어지지 않은 것일까. 선배들을 공경하는(?) 아름다운 전통은 좋지만 오늘날 기준으로 작품의 가치를 매기는 일에 망설임이나 게으름이 따르기 때문이 아닐지. 그래서 예문을 분석해 볼 용기를 냈다.

텍스트로 사용하려 하는 〈달밤〉의 윤오영 선생은 예술로서의 수필에 누구보다 치열하게 고민하신 분이다. 누가 되지 않는 범위 안에서 시도해 보려 한다. 우선 전문을 읽어 보겠다.

달밤 / 윤오영

내가 잠시 낙향(落鄕)해서 있었을 때의 일이다.
어느 날 밤이었다. 달이 몹시 밝았다. 서울서 이사 온 윗마을 김 군을 찾아갔다. 대문은 깊이 잠겨 있고 주위는 고요했다. 나는 밖에서 혼자 머뭇거리다가 대문을 흔들지 않고 그대로 돌아섰다.
맞은편 집 사랑 툇마루에 웬 노인이 한 분 책상다리를 하고 앉아서 달을 보고 있었다. 나는 걸음을 그리로 옮겼다. 그는 내가 가도 별 관심을 보이지 아니했다.
"좀 쉬어 가겠습니다."
하며 걸터앉았다. 그는 이웃 사람이 아닌 것을 알자,
"아랫마을서 오셨소?"
하고 물었다.
"네, 달이 하도 밝기에…."
"음, 참 밝소."
허연 수염을 쓰다듬었다. 두 사람은 각각 말이 없었다. 푸른 하늘은 먼 마을에 덮여 있고, 뜰은 달빛에 젖어 있었다.
노인이 방으로 들어가더니, 안으로 통한 문소리가 나고, 얼마 후에 다시 문소리가 들리더니, 노인은 방에서 상을 들고 나왔다. 소반에는 무청 김치 한 그릇, 막걸리 두 사발이 놓여 있었다.

"마침 잘 됐소. 농주(農酒) 두 사발이 남았더니…."
하고 권하며, 스스로 한 사발을 쭉 들이켰다. 나는 그런 큰 사발의 술을 먹어 본 적은 일찍이 없었지만 그 노인이 마시는 바람에 따라 마셔버렸다.

이윽고,

"살펴 가우."

하는 노인의 인사를 들으며 내려왔다. 얼마쯤 내려오다 돌아보니 노인은 그대로 앉아 있었다.

이 전문을 다음과 같이 단락 분석해 봤다. 서정 수필이라고 해서 수필적 논리가 비껴가는 것은 아니기에(박목월 선생님은 시에도 시적 논리가 있기에 이를 소홀히 해선 안 된다고 하셨다.) 가장 기본 분석인 단락 나누기를 해 봤다. 모두 5단락으로 나눌 수 있었다.

달밤 / 윤오영

① 내가 잠시 낙향(落鄕)해서 있었을 때의 일이다. → 작품 속 화자의 개인적 시간을 드러냄. 여기서 형식상, 한 줄 내렸으므로 비록 한 줄기는 하나, 하나의 단락이다. 산문에서는 일단 줄 내리면 하나의 새로운 단락을 의미하게 된다.

비록 한 줄일망정 한 단락의 무게를 갖는다. 후일 〈달밤〉을 공경하는 후배들이 의미도 모르고 이를 본 삼아 아무 데서나 줄 내리는 버릇이 생긴 게 아닌지. 글쓰기에 엄격하셨던 선생이 불편해하진 않으실까. 선생은 시적 분위기를 위해 줄 내리셨을 터인데. 짐작이 맞는다면 따라서 이 수필은 정조를 기본으로 하는 서정 수필이지 비평을 기본 정신으로 하는 산문의 수필은 아니다. 시와 산문 중간 어디쯤 존재하는 수필이라 해야 할지….

② 어느 날 밤이었다. 달이 몹시 밝았다. 서울서 이사 온 윗마을 김 군을 찾아갔다. 대문은 깊이 잠겨 있고 주위는 고요했다. 나는 밖에서 혼자 머뭇거리다가 대문을 흔들지 않고 그대로 돌아섰다. → 작품의 배경과 사건의 발단. 하여 <u>1단락과 2단락이 합하여</u> 작품의 시공간을 드러낸다. 즉 1단락과 2단락을 합하여 하나의 단락으로 해도 무방하지 않을까. 하나의 단락은 하나의 화제를 포함한다, 라고 단락을 정의할 경우, 합쳐진 이 단락은 작품의 시공간을 설정하고 사건의 <u>발단(起)</u>을 이룬다, 라고 정리할 수 있다.

③ 맞은편 집 사랑 툇마루에 웬 노인이 한 분 책상다리를 하고 앉아서 달을 보고 있었다. 나는 걸음을 그리로 옮겼다. 그는 내가 가도 별 관심을 보이지 아니했다.
"좀 쉬어 가겠습니다."
하며 걸터앉았다. 그는 이웃 사람이 아닌 것을 알자,

"아랫마을서 오셨소?"
하고 물었다.
"네, 달이 하도 밝기에…."
"음, 참 밝소."
　허연 수염을 쓰다듬었다. 두 사람은 각각 말이 없었다. 푸른 하늘은 먼 마을에 덮여 있고, 뜰은 달빛에 젖어 있었다.
→ 시적 분위기의 이 작품은 대화로 이루어진 이 단락으로 해서 형태상 소설의 형식을 빌렸다고도 할 수 있겠다. 화자와 웬 노인, 두 캐릭터가 대화를 나눔으로 해서 사건이 승(承)을 이룬다. 또한 간소한 대화로 해서 한시의 세계로 들어가는 느낌도 난다. 문을 밀까, 두드릴까 망설이는 "퇴고(推敲)'의 고사를 연상하게 하는 2단락 말미 '혼자 머뭇거리다가 대문을 흔들지 않고 그대로 돌아섰다.'의 분위기와 합하여 시적인 한시의 세계를 보인다. 정적(靜寂)의 한시 세계. 해서 대화 인용부호 다 빼고 지문화해도 발화의 임자가 누구인지 잘 분별이 된다.

　④ 노인이 방으로 들어가더니, 안으로 통한 문소리가 나고, 얼마 후에 다시 문소리가 들리더니, 노인은 방에서 상을 들고 나왔다. 소반에는 무청 김치 한 그릇, 막걸리 두 사발이 놓여 있었다.
"마침 잘 됐소. 농주(農酒) 두 사발이 남았더니…."
하고 권하며, 스스로 한 사발을 쭉 들이켰다. 나는 그런 큰 사발의 술을 먹어 본 적은 일찍이 없었지만 그 노인이 마시는 바람에 따라 마셔버렸다. → 두 캐릭터 사이에 술이 등장하는 것은 사건의 전(轉)이다. 술을 매개로 하여 말없이 심정을 나누고 달을 마시는 일은 한시의 전형적 분위기. 여기서 3단락과 4단락이 원문에서는 한 단락으로 이루어져 있음에 유의할 필요가 있다. 선생은 여기를 하나의 화제로 보신 듯. 하지만 구성 단계는 기승전결이기에 <u>여기서 단락을 나누지 않을 수 없었다.</u> 또 다른 쪽으로 생각해 보면, 선생은 3, 4단락을 나눠 쓰셨는데 이를 인터넷으로 옮겨 오던 누군가가 합해버린 거나 아닌지. 요즘 이런 참사(?)가 많다.

⑤ 이윽고,
"살펴 가우."
하는 노인의 인사를 들으며 내려왔다. 얼마쯤 내려오다 돌아보니 노인은 그대로 앉아 있었다. → 사건의 결(結)이다. 화자의 퇴장으로 이루어지는 마무리에 노인은 '그대로 앉아 있다.' 이런 수수(袖手)한 작별 또한 무심한 듯한 한시의 세계다. 묵언 수준의 교제가 가능한 건 고졸한 조선의 품격, 즉 선비 정신이다. 전통 사회의 정조를 그대로 품은 시문인 듯 산문인 듯한 글이 된 것은 선생의 삶의 배경이 드러난 게 아닐지. 하여 이 작품은 달밤에 나눈 탈속한 교제를 눈에 보이는 듯 그려내었다. 회화적 이미지로 이루어진 풍경화, 또는 신윤복의 그림 같은 조선 풍속화랄지. 이처럼 선생은 문자로 내공 깊게 달밤의 풍경화를 창작해 내셨다. 간결한 내용이지만 아마 독자의 심상(心象)에 이 분위기와 풍경은 오래 각인

되어 남게 될 것이다.

이 작품을 산문화해서 다음과 같이 4단락으로 정리해 봤다.

달밤 / 윤오영

내가 잠시 낙향(落鄕)해서 있었을 때의 일이다. 어느 날 밤이었다. 달이 몹시 밝았다. 서울서 이사 온 윗마을 김 군을 찾아갔다. 대문은 깊이 잠겨 있고 주위는 고요했다. 나는 밖에서 혼자 머뭇거리다가 대문을 흔들지 않고 그대로 돌아섰다.

맞은편 집 사랑 툇마루에 웬 노인이 한 분 책상다리를 하고 앉아서 달을 보고 있었다. 나는 걸음을 그리로 옮겼다. 그는 내가 가도 별 관심을 보이지 아니했다. 좀 쉬어 가겠습니다, 하며 걸터앉았다. 그는 이웃 사람이 아닌 것을 알자, 아랫마을서 오셨소? 하고 물었다. 네, 달이 하도 밝기에…. 음, 참 밝소, 허연 수염을 쓰다듬었다. 두 사람은 각각 말이 없었다. 푸른 하늘은 먼 마을에 덮여 있고, 뜰은 달빛에 젖어 있었다.

노인이 방으로 <u>들어가더니</u>, 안으로 통한 문소리가 나고, 얼마 후에 다시 문소리가 <u>들리더니</u>, 노인은 방에서 상을 들고 나왔다. 소반에는 무청 김치 한 그릇, 막걸리 두 사발이 놓여 있었다. 마침 잘 됐소. 농주(農酒) 두 사발이 <u>남았더니</u>…,

하고 권하며, 스스로 한 사발을 쭉 들이켰다. 나는 그런 큰 사발의 술을 먹어 본 적은 일찍이 없었지만 그 노인이 마시는 바람에 따라 마셔버렸다.
　이윽고 살펴 가우, 하는 노인의 인사를 들으며 내려왔다. 얼마쯤 내려오다 돌아보니 노인은 그대로 앉아 있었다.

기승전결 구성을 갖춘 한 편의 산문 수필로도 부족함이 없다. 여기서 상황을 이어주는 연결어미 '~더니'가 반복되는 것은 아마 달밤의 아름답고 부드러운 정조를 깨지 않기 위한 설정인지도 모르겠다. 하지만 요즘의 합평방에서라면 문장의 변화를 위해서 한 곳 정도는 수정하는 게 좋다고 서로 찔러대지 않을지….

선생이 작고하신 지 48년이 흘렀다. 어림잡아 반세기. 한 트렌드가 5년 넘기기도 어려운 요즘 세상에 전 세기의 선배를 아직도 뛰어넘지 못하고 있다니. 혹시 지하에 계신 선생이, 이 게으른 후배들아! 일갈하지 않으실까. 선생에게서 한 걸음 더 나아가야 할 책임 같은 게 느껴져 숙연해지는 오늘이다. 수필의 정의에 대해 합의를 이뤄, 한국 수필이 부디 윤오영, 피천득 선생을 극복하고 새로운 세기의 수필로 진입하길 빌어 마지않는다. 언제까지 고인들에게 빌붙어 살 것인가.

수필의 성역

　《시애틀문학》이 16집과 함께 영문판을 시도, 발간한 적이 있다. 이젠 번역에 망설일 일이 없으니, 그때 한 분이 AI로 번역된 자신의 글을 딸에게 읽어보라 했단다. 한데 딸의 반응은 엄마! 이거 중학생 수준 작문이네, 였단다. 질겁한 그분은 영문판 게재를 포기했다. 《미주시학》에서는 전문 번역팀을 운영한다고 기사에서 읽은 적 있는데, 이리 전문적으로 하지 않는 한 한글 수필을 영문 번역하기엔 좀 문제가 있지 않을까 한다.
　전에 읽은 한 기사가 기억에 남아 있기 때문이다. 그 기사는 한국 수필을 남미 쪽 사람들이 번역해 보고 실망했다는 내용이었다. 번역 추천 작품의 내용들이 모두 감정에만 치우쳐 있어 읽고 남는 게 없는, 즉 철학이 없는 글들이어서 실망했다는 것이다. 바꿔 말해, 감정만 있고 생각이 들어 있지 않은 글이란 평이었단다. 전문가들이 좋은 작품을 선정해서 보냈을 터인데 왜 그런 일이 벌어졌을까. 그때 그 일은 한국인들과 남미인들의 문학적 취향이 달라서 그렇다는 쪽으로 마무리가 된 줄로 알고 있는데 앞날을 위해 톺아볼 필요가 있지 않을지.

눈치로 보아 남미 쪽에 전달된 작품들이 서정 수필 계열이 아니었나 한다. 민족마다 국가마다 정서에 반응하는 감정이 다르기에 우리 정서에 반응하는 감정이 그들에겐 유치하게 느껴질 수도 있을 터. 또 어떤 면에선 그들의 감정이 우리에게 유치하게 느껴질 수도 있는 것.

이 일을 통해 판단되는 건 한국 수필은 서정 수필이 대세라는 점이다. 하긴 서정 수필, 나무랄 데 없다. 문제는 서정 수필의 문학적 가치, 예술로서의 주제와 해석을 염두에 두었는가이다. 시와 소설은 세계로 나아가 한국 문학의 외연을 넓히고 있는데 수필은 왜 문화 첨병 역을 못하는가. 이는 세계인이 공감할 객관성을 획득하지 못했다는 뜻이 아닐지. 주관의 울타리 안에 거하는 한 수필의 외연은 넓어지기 어렵다.

주관적인 일차적 시선에 멈춰 있다 보니 한국 수필엔 주제 없는 글이 많다. 붓 가는 대로 쓰라니까 그냥 썼기에 주제를 간과한 탓이다. 주제가 없다는 건 생각이 없다는 것. 그러니 남미 쪽으로부터 감정만 남고 생각 없는 글이란 평을 듣게 됐을 것이다.

《시애틀문학》 16집 영문판 원고에 딸로부터 중학생 취급을 받은 그분도 시애틀문학회에서 실력을 인정받는 분이고 한국 내에서도 중요 작가로 부상 중인 분이다. 결코 허술한 글 쓰는 분이 아니다. 글의 스타일이 독특한 분이다. 그럼에도 딸로부터 그런 혹평(?)을 들은 건 AI 번역의 문제도 있었겠지만 주제가 있되 미약했고, 감정의 객관화가 덜 되었단 뜻이 아니었을지.

하지만 예술로서의 수필 이전에 수필은 일차적으로 '토로'가 먼저인 문학 장르이기에 제한적인 면이 있다. 왜 수필 쓰냐고 물으면 자신을 비워내기 위해서라고 고백하는 분이 꽤 되는데 이 점이 바로 토로다. 특히 미주에서 수필 쓰는 분 중에 이런 분이 많다. 내 이민사를 적어 보면 책 열 권은 돼, 하시는 분들. 이게 수필 쓰기의 일차적 목표였기에 객관화가 어려울 것이다.

오래전 학생 시절, 경향신문사에서였다. 그때 학보를 거기서 만들었기에 어느 날 기자들 퇴근 뒤 뭔가 필요한 물건이 있어 편집국에 갔다. 그때 누군가 문으로 들어섰다. 그 순간, 나는 얼음이 되고 말았다. 천경자! 한 번도 만난 적 없는 그분을 어찌 한눈에 알아봤을까. 수없이 보았던 그분의 그림 속 여인들과 똑같은 얼굴이었다. 길례 언니라더니 자길 그린 거였네, 속으로 웃으며 그분께 목례하고 거기를 빠져나왔다. 그리 유명한 분을 직접 만날 줄이야.

　박경리 선생의 많은 작품을 읽으며 든 생각도 그 비슷했다. 천경자 화가가 자기 얼굴을 그리듯 박경리 선생도 등장인물들이 선생과 비슷했다. 초기 작품의 주인공 캐릭터가 거의 다. 《표류도》, 《노을 진 들녘》, 《김약국의 딸들》, 《내 마음은 호수》, 심지어 선생의 첫 전작 장편소설이라고 광고 때리던 《시장과 전장》에도 일정 부분 선생의 모습이 드러나 있고, 그의 대작 《토지》에도 여러 인물로 자신이 투영돼 있다. 서희의 서늘하고 대쪽 같은 성격이 누구에게서 왔겠는가. 선생의 초기작들을 자전적 소설이라 부르는 이유다.

　이처럼 작가는 토로를 통해 일정 부분 자기를 비워내 객관화 단계가 됐을 때 비로소 작품다운 작품을 시작하게 된다. 수필 70편은 써 봐야 등단이 가능하다고 수필 교실에서 말하는데 숙련도 뿐 아니라 바로 이 점, 자기 비워내기, 즉 객관화의 문제 때문이 아닐까 한다.

　한데 자기 객관화라 하면 나도 자신이 없다. 한 책에 45편 정도가 들어가는데 여섯 책을 곱해 보면 줄잡아 270편 내지 300편을 상회하게 된다. 이리 토해 놓고도 자신이 없다니. 어느 날 합평회에서 누군가 물었다. 왜 글에 아버지가 없어요? 질문이 귀에 닿는 순간, 깨달음이 벼락처럼 머리통을 때렸다. 나는 아직 멀었다! 여태 아버지에게 마음의 문을 닫고 있었다니. 아버지를 비워내지 못하고 있단 사실이 새삼스러웠다. 그 깨달음 뒤의 요즘, 나는 상처의 진물을 닦아내며 그 자리가 보송보송하게 되도록 노력 중이다. 언제 보편적 객관화에 이르게 될지. 참 쉽지 않다.

  한국 굴지의 수필지에서 편집팀으로 일하는 분의 수필집을 읽은 적 있다. 발화 방식도 좋고 수사 능력도 뛰어나 천생 문학으로 태어난 분이구나 싶었다. 한데 책 뚜껑 덮으며 든 마무리는 어찌 소재와 주제가 모두 가난인가, 탄식이 되어 흘러나왔다. 지극히 일관되게, 집요하게 가난을 토로하는 글이었다. 아깝다, 재능 낭비했네. 그분이 떠오르면 지금도 아쉽다. 내 꼴도 이 비슷하지 않은지.

  하긴 한국 사회의 압축 성장의 성공 뒷그늘에 상처와 가난이 빠질 수는 없다. 이래서 〈벤슨허스트 블루스〉를 들으며 위로받는지도 모르겠다. 그러나 빵만으로 사는 게 아니라고 하지 않나. 물질적 가난보다 더 무서운 건 지적 가난이다. 이제 한국 수필은 고향 뒷동산과 동네 앞 개울을 떠나야 한다. 너무 늦은 감이 있지만 적어도 이제는 토로를 넘어 주제가 있는 수필을 써야 온전한 발전을 이룰 수 있을 것이다. 즉 주관적 고백을 지양하고 가난을 객관화해야 할 것이다.

  이상 한국의 수필이 남미 사람들이 흥보도록(?) 왜 주관 일변도의 감정(감성이 아니고 감정)으로 흘렀는지 설명해 봤다. 이제 먹고 살 만해진 지 꽤 된 한국 수필은 서정 수필로부터 발걸음을 떼어 경험의 서술 또는 토로에서 단계를 높여 새로운 지적 영토를 찾아 앞으로 나아갈 필요가 있다.

수필의 일부가 서정 수필이어야 하지, 수필 전체가 서정 수필에 머물러선 수필의 희망이 없다. 수필 강의하는 분들이 제발 60, 70년대의 수필에서 빠져 나오시길 빈다. 피천득과 윤오영의 등에서 떠나 주시길 바란다. 그동안 한국 수필은 성역에 갇혀 있었다. 자연 예찬과 감상적 자아를 고백하는 서정 수필에 갇혀 있었다. 사회 현실을 외면한 채 자아도취에 빠져, 현존을 거론하면 수필 그렇게 쓰면 안 된다고 지적도 했다. 독자는 어렵다고 읽기를 거부하기도 했다. 쉬운 수필에 빠져 지적 욕구를 연마하기도 거부했다. 쉽게 가려 하는 작가와 부드러운 글만 읽기 원하는 독자가 합심하여 한국 수필의 질을 좌지우지했다면 지나친 독설이 될까. '수필문학은 일상성을 소재로 하면서도 일상 이상의 그 무엇, 존재 파악이란 철학적 본질에 이르러야 문학성을 획득하게 된다. 정서의 사상화, 사상의 정서화가 필요하다.'(한상렬)란 말이 새삼 떠오른다.

하여 이와 같은 상황에 대해 김창식 선생은 다음과 같이 말했다. "과거 우리 수필은 전통적 서정 수필로 수필의 범위를 한정하는 경향이 있었다. 결과, 비슷비슷하고 상투적이며 키치적인 신변 수필의 범람을 불러왔다. 물론 서정 수필도 잘 쓰면 좋은 수필이 될 수 있다. 하지만 한 걸음 더 나아가 철학적 사유를 개진하여 보편적인 원형의 정서, 문화·사회적 이슈를 포괄하는 입체적인 글쓰기로 외연을 넓히고 주제와 형식면에서도 새로움을 추구해야 멀어진 독자를 다시 끌어올 수 있을 것이다."

달라져야 할 수필에 대해 좀 더 첨언해 본다면 서정 수필의 궁극이 시가 되어선 안 되는 것처럼 서사 수필의 궁극이 소설이 되어서도 안 된다. 서사 수필이 콩트로 변형되어 날개 돋친 듯 팔리는 걸 본 적이 있다. 형상화 수필이 은유에 함몰되어 마무리가 결국 있음 직한 이야기(=상상이니까), 즉 소설이 되어 끝나는 경우도 봤다. 수필이 일인칭 문학이기에 발 내딛기가 참 조심스럽다. 외연의 확장이라 해서 조금만 변형하다 보면 수필이 아닌 타 장르로 넘어가 버리게 된다. 세심한 주의가 필요한 이유다.

일인칭 서술인 수필에서 그 수필의 시점이 전지적 시점이라는 어떤 분의 주장도 들은 적이 있다. 아무리 세상이 복잡해져 4인칭 예술이 등장하고 다인칭 예술이 창작되는 세상이지만 수필이 일인칭 문학임은 변할 수 없는 사실이다. 수필의 시점이 달라진다면 아마 또 다른 장르의 문학이 열리는 때가 아닐지. 우리가 땅에 발을 딛고 서 있어야 존재 확인이 되는 것처럼 수필도 지구 한 귀퉁이 묶여 있는 풍선처럼 일인칭 문학에 묶여 있어야 한다. 묶인 풍선의 줄이 풀리면 허공으로 날아가버리는 것처럼 수필도 일인칭을 놓치는 순간 허망하게 날아가지 않을지.

무엇보다도 수필은 수필적 정조가 필요하기에 작가의 마음결에 따라, 영혼의 결에 따라 그 모양이 달라진다. 지금 내가 쓰고 있는 이 글이 주장을 내세우기 위해 거친 마음결을 내보이고 있는 것처럼. 마음결에 따라 수필의 골짜기는 다양하게 열린다.

하긴 모든 예술이 다 그렇다. 작가의 마음결, 영혼의 결이 작품의 결을 결정한다. 번역도 그렇다. 번역가와 작가의 마음결이 한결같다면 유치하다 평가하지 않고 그 마음결을 오롯이 살려내게 될 것이다. 그나저나 이제 글쓰기도 AI 눈치 보며 써야 할 판이니 기계의 마음결을 파악할 방법은 무엇이 될까. 쓰는 일 한 가지도 힘든데 기계 눈치까지 보라고?

'나의 문학 세계를 말한다'

공순해의 수필, 그 작품 세계

–삶의 쇄신을 위해 정기적금 붓듯 쓰고 있는 요즘

1. 수필 양식을 거부했던 시간에서 수용하기까지

1985년 뉴욕에 도착해 그다음 해 〈뉴욕한국일보〉 신춘문예에서 수필 부문을 수상했다. 그리고 그다음 해 소설 부문에서 당선 없는 가작을 수상했다. 이 별 볼 일 없는 이력을 밝히는 이유는 그때 수필 심사위원이셨던 이계향 선생님이 서울 가서 등단하자고 유혹(?)하셨던 탓이다. 아무리 등단이 좋아도 수필은 아니지, 내 속에 도사리고 있는 교만으로 그 제의를 받아들이기 어려웠다. 문학예술은 창작을 전제로 하는 것인데 붓 가는 대로 쓰는 수필이 무슨 창작이야, 수필 씁네 하고 문학 동네 언저리에 얼쩡거리는 사람들 속으로 내가 왜 들어가, 하는 같잖은 오만으로 그 제의를 차일피일 미뤘다. 그러다 《신대륙》이 후

원자 문제로 와해되고 내 글쓰기도 휴면으로 들어갔다.

  2008년 11월 은퇴해 시애틀로 이주했다. 그리고 2009년 2월 제2회 '시애틀문학상' 수필 부문 수상자가 됐다. 이 공모전엔 소설 부문이 없었던 탓이다. 합력하여 선을 이루신다는 말씀에 딱 맞게 비로소 내게 맞는 양식이 수필임을 깨닫게 됐다. 그간 소설을 벗어버린 이유가 체력 때문이었기에 경량의 창작인 수필은 내게 꼭 맞는 옷이었다. 그들이 붓 가는 대로 써도 나는 창작을 하겠어, 하는 속마음으로 마침내 수필의 길로 들어서게 됐다. 이처럼 내 지향점은 창작이었다.

2. 창작 수필과 비창작 수필

  수필은 형식의 제약을 받지 않고 개인적인 서정이나 사색과 성찰을 산문으로 표현한 문학 양식이다. 수필은 뜻 그대로 '붓을 따라서, 붓 가는 대로 써놓은 글'로써 무형식의 자유로운 산문이다. 수필은 개성적이며 고백적인 문학이어서 작가의 개성이 짙게 드러난다. 또한 제재 선택에 제한이 없어 느낀 것과 생각한 것은 무엇이나 다 자유자재로 서술할 수 있다.
                      -《한국민족문화대백과사전》에서 발췌

  위와 같은 정의가 그간 나로 하여 수필을 멀리하게 했

다. 지난 세대 선배들의 왜곡으로 먼 길을 돌아온 셈이다. 마침 LA 이민 생활을 접고 한국으로 돌아가신 이관희 선생이 《e-수필》을 창간해 창작 수필의 기치를 높이 들고 계신 때였기에 인터넷 검색으로 창작 수필 공부를 할 수 있었다. 행운이었다. 수필 언어의 은유에 대해선 유병근 선생님께 많이 신세 졌다. 이 두 분이 내 수필의 안내자였다.

수필은 태생적으로 광대한 영토를 가진 문학 양식이다. 대별하면 창작 수필(예술로서의 수필), 비창작 수필(문사철적인 수필), 수필 양식의 글(일상생활 속의 온갖 생활문) 등이다. (과거엔 중수필, 경수필, 미셀러니, 등이라고 했다.) 시, 소설, 희곡 등의 창작 문학을 제외한 문학의 우수마발(?)을 수필이 모두 끌어안기 때문이다. 하지만 예술은 창작이다, 란 전제를 놓고 보면 수필도 예술이 되기 위해선 창작돼야 한다. 창작되지 않은 예술은 없으므로 수필이 문학예술이 되기 위해선 필연적으로 창작의 과정을 거쳐야만 한다.

하면 무형식이 형식인 수필에서 도대체 뭘 창작할 수 있나 궁금할 수도 있겠다. 주제를 선명하게 드러내기 위해 그 형식을 선택하고 구성을 창작하면 된다. 김기림은 〈길〉이란 수필을 시의 형식으로 썼다. 강경애는 시적 분위기의 수필 〈꽃송이 같은 첫눈〉을 소설 형식을 빌려서 썼다. 두 분 모두 1940년대에 이런 작품을 남긴 것이니 우리는 눈먼 후학들이 아닐 수 없다. 이에 더 나아가 새로운 형식을 만들어 낼 수도 있다. 나는 오늘도 진흙을 이겨 육체의 형식을 주신 것처럼 물상 속에서 수필의 형식을 찾아 헤맨다. 돌에서 형상을 꺼내는 조각 작업 같다고나 할까.

가장 손쉬운 창작은 형상화다. 현대 예술은 개인의 정서도 사물화해서 드러낸다 하니 수필이라고 이를 피해 갈 수는 없다. 예를 들어, 졸작 〈그림〉은 별꽃이란 사물을 통해 '그리움'이란 객관적 정서를 형상화했다. 〈양배추 한 통〉은 양배추의 미완(未完)을 통해 삶의 미완에 대한 두려움을 그렸다. (주제를 살리기 위한 형상화, 즉 원관념과 보조관념도 없는 글을 두고 형상화가 잘 됐다 주례사 비평하는 평문을 읽을 때면 그들의 비평가 자격을 의심하지 않을 수 없다.)

그러나 영토가 매우 넓은 수필을 형상화에만 묶어 두게 되면 수필의 자유로움이 줄어들게 된다. 수필은 일정함에 매이지 않고 무한히 형식을 변주할 수 있는 야성의 문학이다. 좀 더 다양하고 자유로운 기법이 필요하다. 그래서 때로 대비의 기법을 차용하기도 한다. 음악은 음의 대비로, 그림은 색의 대비로 감동을 전하듯, 수필에서의 대비는 정서의 대비, 캐릭터의 대비, 강약의 대비, 명과 암의 대비, 등으로 주제를 선명하게 드러낼 수 있다.

졸작 〈사소한 몰락〉은 '자연이 파괴됨으로 해서 삶의

거대한 몰락이 일어나고 있다.'란 주제를 살리기 위해 '사소한 것'과 '다 함께 붕괴하는 장엄한 서사, 즉 거대한 몰락'을 대비시켰다. 강약의 대비이다. 해서 어휘의 강약, 문맥의 강약에 매우 신경 써야만 했다. 이런 대비 기법의 장점 중 하나는 작품의 긴장성을 끝까지 유지할 수 있단 점이다.

또 다른 기법으론 의식의 흐름도 차용한다. 졸작 〈무의미하다〉를 그 예로 들 수 있다. 도스토옙스키, 제임스 조이스, 마르셀 프루스트의 소설 이후로 모더니즘 예술에선 이 기법이 어디에나 쓰인다. 쓰인 지 백 년도 넘어 이젠 낡은 수법이라 할지 모르겠으나 한국 수필에선 아직 이 기법이 신세계다. 이 글에서 나는 의식의 흐름 기법으로 팬데믹 시대를 살아가는 인간들의 깨지고 부딪치는 내면, 바이러스에서 벗어날 수 없는 한계 상황과 극복되지 않는 불안한 삶의 정서를 드러내고자 했다.

새롭게 시도하는 기법도 있다. 미술에서 가져온 콜라주 기법, 데칼코마니 기법 등이다. 신문지를 찢어 붙이듯 신문 기사를 여럿 선택하고 그 위에 공통되는 내 의견을 첨부하여(색칠하듯) 마무리하는 콜라주 기법. 주제를 가운데 두어 중심대를 만들고 발단과 마무리를 대칭시키는 기법. 얼마나 호응을 얻게 될진 몰라도 아무튼 꾸준히 시도해 볼 생각이다.

이외에도 독백체, 또는 수다체(등장인물들의 대화 형식)를 만들거나, 발단·전개·전환·절정·결말의 구성 단계 중 전환 부분이나 절정 부분만 따로 떼어내 형식을 만들기도 한다. 아무튼 창작이란 없던 것을 있게 만드는 작업이기에 많은 형식을 찾아 헤매며, 부담은 크나 결과물이 좋을 때 희열도 크다.

이상 수필의 프레임(형식)에 대해 말해 보았다. 수필 작법이란 독자에게 전하고자 하는 인생의 이야기, 서사를 어느 프레임에 넣어 주제를 인상 깊게 만들 것인가, 형식을 고민, 창작하는 것이다. 프레임을 만드는 쉬운 방법엔 액자 형식들도 있다. 첫 단락의 시간이 마지막 단락의 시간과 일치되는, 시간의 액자가 그중 많이 쓰인다. 또 첫 문장과 마지막 문장을 대구로 만들거나, 일치시켜 액자를 만들 수도 있다. 첫 문장과 마지막 문장을 일치시키는 방법은 박목월 선생님께 배웠다. 시학 시간에 선생님은 말씀하셨다. 시상의 통일이 잘 안 될 때, 첫 행과 마지막 행을 일치시켜 봐라. 이 기법을 나는 수필에 적용한다. 문학 수업 받으며 배운 온갖 것을 수필에 적용해 본다 할까.

지난해 출간한 《울어다오》에 이런 여러 형태를 백화점식으로 다 나열해 보았다. 창작 수필, 비창작 수필, 칼럼, 단수필, 연작수필, 콜라주 수필, 데칼코마니 수필, 기록 수필, 등 여러 모양으로 삶의 소회, 세상을 향한 발언, 의견을 토로해 보았다.
　또 하나 염두에 두는 것은 한국어의 특질이다. 한국어로 대화할 때 보통 일인칭은 생략된다. 해서 일인칭을 사용하지 않는 글을 쓰기도 한다. 일인칭을 생략하면 문맥이 부드럽고 읽기의 속도가 빨라진다. 하여 저절로 긴장감을 유지하게 된다.

3. 앞으로 가져야 할 관심

　많은 시행착오를 겪으며 오늘도 나는 내재봉소 할머니 돋보기 걸치고 헌옷 수선하듯, 영세업자 정기적금 붓듯 글을 쓰고 있다. 건강이 허락하는 한 일어나 앉아 쓴다. 비록 글을 쓰고 있는 장소는 책상 앞이지만 상상력은 우주까지 뻗친다. 46년째 날아가고 있는 보이저 1, 2호의 궤적을 그려보고 그 소리도 들어보려 노력한다. 새로워지기 위해, 진부해지지 않으려. SF 수필도 써 보고 싶은데 이젠 아무래도 두뇌의 용량이 달린다. 이런 나를 네 번째 책 《한없이 투명에 가까운》 서평에서 정치, 경제, 역사, 문화, 과학, 종교, 등의 다층적 층위를 가지고 있는 작가라고 김정화 교수는 소개했다. 자신이 이렇게 다방면으로 박학(얇을 薄)한 줄은 미처 몰랐다.
　이렇게 필사의 노력을 하는 이유는 세상에 말 걸기 위해서이다. 사회와 삶에 대해 독자와 경험을 나누고, 의견을 말하고, 함께 문제를 해결해, 좀 더 나은 삶을 경영해 보고 싶다는 뜻이다. 인생에 대한 의문과 문제를 독자에게 던지는 문학 양식이 꼭 소설만은 아니기에. 수필이 통섭의 문학으로 나아가기 위해선 수필도 인생의 문제를 제시하고 의문을 던져, 담론을 형성하는 기능까지 감당해야 하지 않을지. 수필이 인생의 결을 다스리는 서정 수필에만 국한된다면 앞으로 문학으로서의 기능을 제대로 발휘할 수 있을까.

　수필 쓰는 많은 분이 독자에게 위로와 따뜻함을 전하고자 글을 쓴다고 한다. 하지만 나는 감히 이렇게 말하지 못한다. 자신조차 위로 못하는 주제에 외람되이 누굴 위로하랴 싶어서. 대신 독자와 함께 새로워지고 싶다. 나도 독자도 해이하게 만들고 싶지 않다. 포스트모더니즘을 지나 현재 AI와 협업하는 생성 예술이 도래한 세상에 살며, 수필이 붓 가는 대로 쓰는 신변잡기란 19세기 적 곰팡내 나는 지론을 말하는 사람들에게 나는 참을 수가 없다. 수필의 지평에 대해 진지하게 고민하며 더 나은 삶을 위해 독자와 함께 정신을, 삶을 쇄신해 나가려 한다.